Dr. Emeric Lebreton

Aussi serein qu'un arbre

Réveille ta force intérieure et trouve le chemin du bonheur

Éditions Orient'Action®

ÉDITIONS ORIENT'ACTION®

Tour Montparnasse – 26e étage – 33, avenue du Maine – 75015 Paris

02 43 72 25 88 – editions@orientaction.com

www·orientaction-groupe·com

Les Éditions Orient'Action® sont spécialisées dans l'édition d'ouvrages de développement personnel et professionnel. Créées en janvier 2014, elles permettent de découvrir et de faire découvrir le travail réalisé au sein du groupe Orient'Action®. Chaque année, en France et à l'étranger, des milliers de personnes sont accompagnées dans leur évolution professionnelle (et personnelle). Si, vous aussi, vous avez envie d'entreprendre un changement dans votre vie, retrouvez-nous sur : **www·orientaction-groupe·com**

ISBN : 9791096667079

Dr. Emeric Lebreton

Aussi serein qu'un arbre

Réveille ta force intérieure et trouve le chemin du bonheur

Éditions Orient'Action®

Donnez votre avis ou discutez du livre directement avec l'auteur
Envoyez-lui un email : emeric.lebreton@orientaction.com

REMERCIEMENTS

Je tiens à remercier chaleureusement Magalie Josse, Nathalie Vandenbossche, Iman El Merzouki, Frédéric Sène, Florence Dupuy, Sophie Caussette, Magalie Miel, Sophie Sabatier et Cécile Farges, membres du comité éditorial des éditions Orient'Action®, qui ont largement contribué à l'enrichissement et à l'amélioration du manuscrit original. Sans leur travail de relecture, de corrections et de propositions, ce livre n'aurait jamais été aussi abouti qu'il peut l'être. Ce fut un réel plaisir de travailler avec des personnes aussi engagées et talentueuses. Parmi elles, je tiens à remercier plus particulièrement Nathalie Vandenbossche, qui a écrit deux textes relatant deux expériences vécues, riches chacune de précieux enseignements, et qu'elle m'a autorisé à insérer dans ce livre. Le rôle d'un écrivain est aussi celui d'un messager.

Quand la vie est une forêt,
Chaque jour est un arbre
Quand la vie est un arbre
Chaque jour est une branche
Quand la vie est une branche
Chaque jour est une feuille.

JACQUES PRÉVERT

SOMMAIRE

Construis ton avenir :

PRÉAMBULE
AUSSI SEREIN QU'UN ARBRE

Le monde dans lequel tu vis est tourmenté...
Chaque jour qui passe pose un peu plus cette question : mais dans quel sens tout cela va-t-il ?

Le monde est plus sûr qu'il ne l'a jamais été, il est porteur de nombreuses espérances et de multiples opportunités pour celles et ceux qui savent les saisir... Nous sommes informés de tout ce qui se passe ou presque, et pourtant... le monde est déstabilisant et inquiétant. Parfois, il semble même dangereux ! Et il nous remplit de son incertitude. Plus nous connaissons de choses et moins nous avons l'impression d'en connaître. Nous pensons prévoir ce qui va se passer. Et en fait, c'est tout le contraire qui se produit.

Le monde devrait fonctionner comme une horloge et il fonctionne comme la loterie.

Ghandi a dit : « sois le changement que tu veux voir dans le monde *!* ». La seule manière de retrouver la sérénité semble être de revenir à soi. Se recentrer sur ce qui constitue et fonde son être pour retrouver le sens et le pouvoir d'agir. Nous ne décidons de rien, sauf de notre destinée. Nous ne pouvons être certains de rien hormis de notre passé. Notre présent, nous le vivons. Notre futur, nous le choisissons ! Nos seules certitudes résident en nous-mêmes ! Et la trajectoire que notre être dessine dans l'espace du temps.

Dans un monde où tout est en mouvement, les êtres humains qui veulent retrouver la sérénité doivent apprendre à redevenir immobiles. Ils peuvent pour cela prendre exemple sur la nature et s'inspirer de ses plus nobles représentants : les arbres ! Profondément enracinés dans la terre de leur passé et tournés vers le ciel de leurs espérances, observant tout ce qui se passe autour d'eux, impassibles et clairvoyants, les arbres suivent un chemin de sagesse que les êtres humains peuvent à leur tour décider d'emprunter.

Le pin de Bristlecone

Le pin de Bristlecone pousse à plus de trois mille mètres d'altitude dans la région des Montagnes blanches en Californie. Cet arbre a vu, du flanc de la montagne dans lequel il est profondément enraciné, se développer à partir de quelques hordes d'Homo sapiens la civilisation amérindienne. Il a connu des tremblements de terre ravageurs, des cyclones dévastateurs et de terribles sécheresses. Il a vu les peuples venus de la mer à la peau blanche envahir ses terres et tuer les peuples d'Amérique à la peau rouge. L'une de ses racines, sortie de terre, se souvient encore du sang chaud d'un jeune guerrier ahwahnechee, blessé par balle, venu mourir à l'ombre de ses branches millénaires.

Le pin de Bristlecone a vu les peuples venus de la mer, devenus maîtres de son pays, bâtir le chemin de fer, ensemencer les prairies, construire des usines et des villes immenses faites d'acier, de béton et de lumières. Il a vu les convois de pionniers qui se dirigeaient le cœur battant vers les rives du Pacifique. Il a entendu résonner les coups de pistolets des cow-boys qui s'affrontaient dans la plaine. Il a même vu les bataillons de soldats de la guerre de sécession traverser les montagnes en direction du front. Le pin de Bristlecone a tout vu de ces bouleversements et il est toujours là, accroché à son rocher, couvert de ses fragiles aiguilles, continuant impassiblement à vivre...

Combien de temps vivra-t-il encore ? Verra-t-il les navettes spatiales d'Elon Musk décoller en direction de Mars ? Verra-t-il l'avènement de la Chine et le déclin de l'empire américain ? Verra-t-il les prochaines catastrophes climatiques que tous les scientifiques nous annoncent pour bientôt ? Profondément enraciné dans le flanc des Montagnes blanches, tranquille sous la voûte étoilée du ciel, le pin de Bristlecone regarde l'histoire se faire sans se soucier de tout ce qui se passe au loin. Besogneusement, il s'occupe de faire grandir ses racines, ses branches et ses feuilles et cette peine lui suffit amplement. Ne devrait-on pas faire de même et suivre son exemple ?

Le chemin, que je te propose de suivre au cours de la lecture de ce livre, est de t'inspirer des arbres pour retrouver la sérénité. Pour atteindre cet objectif, il va te falloir dans un premier temps te *retirer* du monde. Te *retirer* du monde, cela signifie simplement cesser de vouloir le changer. Je te propose, à l'instar du pin de Bristlecone, de redevenir un simple observateur. Progressivement, je te propose de rediriger ton attention sur ce qui est plus important : toi ; et d'oublier, le temps de cette réflexion, tout le reste.

Durant la première étape de ce voyage, je te propose de te reconnecter à ton passé. Les arbres ont une grande mémoire. Dans les nœuds de leur tronc, ils conservent le souvenir de toutes les épreuves qu'ils ont traversées : canicules, tempêtes, maladies, coups de hache, etc. Les êtres humains sont comme les arbres. Eux aussi conservent dans leur chair le souvenir de leur existence. Il est temps pour toi de te reconnecter à tes origines, à tes souvenirs et de retrouver ce qui fonde ton être et lui donne sa force primordiale.

La deuxième étape de ce voyage consistera à te reconnecter à ton présent. *Vivre le moment présent*, tel sera l'objectif que nous essaierons d'atteindre ensemble. Le présent est le temps de l'action. C'est aussi celui du plaisir, du bonheur et de la sérénité ! Ton présent est la seule chose dans ta vie qui soit vraiment *réelle*. Tu pourras te reconnecter à ce moment particulier, prendre appui sur lui pour mieux te projeter dans la troisième étape de ce voyage que nous ferons ensemble : explorer avec enthousiasme ton futur.

Ton futur est comme les branches d'un arbre. Les branches s'élancent vaillamment vers le ciel pour essayer de capter la lumière et ainsi nourrir leurs beaux fruits. Tu dois construire ton futur en agissant d'une manière juste et ainsi faire en sorte que la vie te récompense. Les fruits ne tombent pas du ciel, ils poussent sur les arbres. L'arbre produit des fruits comme tu produis ton bonheur. Le bonheur n'est pas un trait d'esprit, c'est un résultat ! Et tu vas œuvrer sereinement pour obtenir ce résultat.

Allez, il est temps de partir. Je te propose de prendre une profonde inspiration. Emplis-toi d'oxygène et prépare-toi au voyage. C'est un voyage en toi-même que je t'invite à réaliser ici pour découvrir ou redécouvrir qui tu es. Jette une dernière fois ton œil compatissant sur le monde extérieur. Quitte-le maintenant pour entrer à l'intérieur. Nous partons ensemble, comme deux vieux amis marchant ensemble sur le même chemin, à la découverte de ton passé, de ton présent et de ton futur.

Au bord de ce chemin, il y a une longue rangée d'arbres...

Tes racines sont profondes *Sapiens...*
Et ta force est grande... Bien plus profondes
et bien plus grande qu'il n'y paraît...

Tu viens d'une longue et grande lignée

• • •

*« Un homme qui ne connaît pas son passé,
ses origines et sa culture ressemble à un arbre sans racines. »*

MARCUS GARVEY

• • •

Tu es le dernier né d'une longue et grande lignée et cette lignée est comme une racine qui s'enfonce profondément dans la terre de l'histoire. Sais-tu que le premier être humain, *Homo sapiens*, est apparu il y a plus de 200 000 ans et que l'espèce humaine est vieille de plus de 3,5 millions d'années ? Les cellules qui composent ton corps sont elles-mêmes apparues il y a près de 4 milliards d'années et les atomes qui forment tes cellules viennent de plus loin encore. Et il aura fallu tout ce temps d'évolution pour te donner naissance, à toi.

Ton existence est un vrai miracle !

Darwin, dans sa théorie de l'évolution, explique comment les êtres vivants et/ou certaines de leurs caractéristiques se développent selon un processus de sélection naturelle. Seuls les êtres vivants qui ont des gènes adaptés à leur environnement, et qui possèdent donc les caractéristiques nécessaires, survivent. Si ta naissance a pu se produire, cela signifie que tes gènes possèdent certaines propriétés qui te rendent unique et capable d'affronter ton environnement actuel. Tu es en quelque sorte un élu de mère nature.

• • •

Ce qui semblent des défauts...

Des psychiatres évolutionnistes se sont intéressés aux différentes maladies (anxiété, dépression, obésité, etc.) qui peuvent affecter les êtres humains au XXIe siècle. Ils ont cherché à replacer ces maladies dans des contextes historiques différents. Leur objectif était de mieux comprendre quel aurait pu être leur rôle au cours de l'histoire et pourquoi elles ont perduré jusqu'à aujourd'hui. En effet, si on s'en tient à la théorie de l'évolution de Darwin, les individus qui souffrent de ces maladies n'auraient pas dû survivre.

Prenons le cas de l'anxiété. Certes, l'anxiété est source de mal-être, mais les personnes anxieuses sont aussi celles qui savent le mieux se prémunir des dangers. Les personnes anxieuses ont une espérance de vie supérieure aux autres personnes, car elles ont une aversion au risque. L'anxiété était par exemple très utile au temps de la préhistoire où le danger était permanent. Mais aujourd'hui encore, ces personnes meurent moins que les autres, car elles demeurent beaucoup plus prudentes dans leur vie quotidienne.

Konrad Lorenz (1903-1989), prix Nobel de médecine, a également postulé que la propension des êtres humains à abuser du sucre et des graisses dans leur alimentation était liée à la rareté de ces ressources énergétiques au temps de la préhistoire. Dit autrement, à cette époque, les personnes qui aimaient manger gras et sucré étaient aussi celles qui survivaient le plus aux périodes de famine. Cet avantage est devenu dans l'environnement actuel, où la nourriture est abondante, une cause de maladies, comme l'obésité et le diabète.

Ces hypothèses sont intéressantes, car elles nous permettent de regarder différemment ce que nous sommes. Beaucoup des choses que nous désignons par le terme de "maladies" ou de "tares" constituent en réalité de sérieux avantages dans d'autres contextes. Ce qui fait souffrir les êtres *humains aujourd'hui est parfois ce qui leur a permis de survivre hier. Cela doit nous amener à reconsidérer ce que nous appelons des "défauts". Un "défaut" est souvent une qualité qui s'ignore et qui pourrait se révéler très utile...*

Tu devrais essayer de regarder tes "défauts" avec cette hauteur de vue.

• • •

As-tu conscience que les caractéristiques physiques et psychologiques que tu possèdes, et que tu as héritées de tes parents biologiques, sont vraiment exceptionnelles parce qu'elles sont le produit de plusieurs millions d'années d'évolution ? Tu es comme une œuvre d'art, reproduite plusieurs milliers de fois jusqu'à approcher la perfection. Et cette œuvre d'art inachevée continue à évoluer, à se développer et à s'améliorer. Sur le plan physique et psychologique, tu es l'une des meilleures versions de l'être humain existante à ce jour.

Imagine la vie de tes plus lointains ancêtres. Ces derniers chassaient dans les steppes le mammouth, le renne ou le rhinocéros laineux. Ils s'abritaient de la neige et de la pluie dans des grottes glacées. Chaque jour ou presque, ils devaient se battre pour survivre et assurer la survie de leur descendance contre d'autres prédateurs, plus féroces et mieux dotés par la nature, comme le terrible lion des cavernes. Tu es le résultat de leurs exploits. Tu es le résultat de leur courage et de leur volonté. Leur chance est aussi la tienne !

À une époque plus récente, imagine tes ancêtres fendant du soc de la charrue, tirée par un vieux bœuf fatigué, la terre gelée des champs à la sortie de l'hiver. Pense à la sueur qui coulait sur leur front, à leur estomac tenaillé par la faim, aux larmes qui ruisselaient sur leurs joues d'avoir perdu un enfant, un frère ou un ami dans une terrible guerre voulue par un roi conquérant ou une injuste épidémie. Tu es le résultat de leurs efforts et de leurs espérances. Tu portes en toi, dans le secret de tes cellules, les gènes de leur résilience.

Si tu parviens à te rendre compte de la somme incroyable d'épreuves que tes ancêtres ont surmontées, de problèmes qu'ils ont réussi à résoudre, de souffrances qu'ils ont accepté d'endurer, pour que tu puisses un jour te trouver là confortablement allongé sur ta serviette au bord de la mer ou dans un gros fauteuil à lire ce livre de développement personnel, alors des sentiments très positifs devraient naître en toi. Parmi ces sentiments, deux d'entre eux au moins méritent que l'on s'y arrête : la *gratitude* et la *fierté*.

Si tes ancêtres n'avaient pas réussi à surmonter toutes ces épreuves, ou qu'ils n'avaient pas accepté de s'y soumettre, tu ne serais pas là. Tu es le résultat de la volonté, du courage, de la passion, du refus de la mort et du désir de la vie. Tu es le produit d'une puissante et indomptable espérance. Et tout cela te rend beau ! Remercie ta lignée, de tes parents jusqu'à tes ancêtres qui vécurent au temps de la préhistoire, de t'avoir ainsi donné la chance de vivre ta vie et de t'avoir laissé en héritage autant de qualités.

Tu peux être fier de qui tu es. Tu peux être fier de tes ancêtres et de tout ce qu'ils ont accompli. Ton corps, même s'il peut te paraître fragile, est en réalité extraordinairement résistant. Ton intelligence, aussi médiocre qu'elle te paraisse, est en fait tout à fait extraordinaire. Tes défauts, si tu en as, ne sont que les vestiges de qualités qui ont été fort utiles par le passé et qui pourraient à nouveau le devenir si le contexte devait changer. Sois fier de toi et montre-toi digne de ta lignée qui est aussi longue que l'Histoire.

Dans ta lignée se cachent d'habiles chasseurs, de grands guerriers, de courageux paysans et une foule d'inventeurs ayant contribué à l'émergence des automobiles, d'Internet et des navettes spatiales. En toi, il y a un peu de Bouddha, de Cléopâtre et de César, de Michel-Ange ou de Jeanne d'Arc, de Marie Curie ou de Nikola Tesla, de Steve Jobs ou de Mère Teresa, etc. Et, en toi, il y a beaucoup d'inconnus dont l'histoire n'a pas retenu le nom, mais dont toutes les petites actions comptent tout autant. Tu es tout cela !

TON DÉFI

Fais un petit calcul

Je voudrais que tu fasses un petit calcul.
Peux-tu diviser 200 000 qui est le nombre d'années depuis qu'*Homo sapiens* existe par 29 ans qui correspond à la durée moyenne d'une génération.
Note le chiffre en dessous.
Tu peux bien sûr utiliser une calculatrice.

200 000 / 29 = ...

Le résultat de cette division correspond au nombre de générations d'hommes et de femmes qui auront été nécessaires pour que tu puisses naître. Rappelle-toi que chaque génération fut meilleure que la précédente.

Ne trouves-tu pas ce chiffre extraordinaire ? Que ressens-tu ?

....
....
....
....
....
....
....
....
....
....
....
....
....
....
....
....
....

BRAVO POUR CE NOUVEAU DÉFI !

Tes parents ont fait de leur mieux

• • •

« Un enfant n'a jamais les parents dont il rêve.
Seuls les enfants sans parents ont des parents de rêve. »

BORIS CYRULNIK

• • •

En redescendant ta lignée, de tes plus lointains ancêtres qui combattirent le terrible lion des cavernes jusqu'à tes plus récents parents qui se battirent pour le droit des femmes, les congés payés et l'abolition de la peine de mort, tu parviens forcément aux deux personnes qui ont le plus compté dans ta vie : tes parents. Tes parents, à savoir ceux qui t'ont donné la vie et ceux qui t'ont élevé[*], sont les personnes qui ont sans doute le plus influencé ton existence. Car ils t'ont donné leurs gènes et t'ont transmis leurs traditions.

• • •

Tes parents ce sera peut-être
Des professeurs de lettres
Branchés sur France Inter
Et qui votent pour Les Verts
Chez tes parents dans ce cas-là
Y aura Télérama

───────────

* Il peut s'agir de personnes différentes.

Un album sur Colette
Et le chauffage à dix-sept…

VINCENT DELERM, *TES PARENTS*

• • •

Je voudrais que tu commences par bien te rappeler les caractéristiques physiques de tes parents : la couleur de leurs yeux, de leur peau et de leurs cheveux, la forme de leur visage, de leur nez et de leur bouche, leur taille, leur silhouette… Et je voudrais que tu identifies, parmi ces innombrables caractéristiques physiques, celles que ta mère et ton père biologiques t'ont transmises en héritage[*]. Cherche en toi la présence des gènes de tes parents biologiques. Cherche les ressemblances et les similarités qui te lient à eux.

Maintenant je voudrais que tu te concentres sur leurs traits de caractère. Tes parents sont des personnes plutôt extraverties ou discrètes, plutôt manuelles ou intellectuelles, plutôt empathiques ou rationnelles, plutôt organisées ou spontanées. Identifie les traits de caractère que tu as en commun avec tes parents, car ces traits de caractère aussi, ils te les ont légués. C'est parce que tu les as eus comme modèle, dans les premières années de ta vie, que tu t'es construit ainsi. Tu as cherché à leur ressembler ou à te différencier.

Enfin, je voudrais que tu prennes le temps de rassembler tes idées à propos de leurs valeurs. En quoi croient tes parents ? Quelles sont leurs convictions profondes ? Croient-ils aux vertus du travail ou au contraire de l'investissement ? Aiment-ils l'argent ou le considèrent-ils au contraire comme un danger ? Quels principes moraux gouvernent leur vie, dictent leurs jugements et leurs actions ? Parmi ces valeurs, quelles sont celles que tu as en commun avec eux ? Quelles sont celles dont tu as hérité et auxquelles tu crois ?

• • •

---

* Si tu n'as pas eu la chance de les connaître, tu peux faire l'exercice inverse et les imaginer à partir de ce que tu es et ce qu'ils t'ont transmis.

• • •

La relation entre un enfant et ses parents est sans doute la relation la plus complexe qui existe. Il y a tant de ressemblances entre un enfant et ses parents que cela crée des perturbations qui peuvent abîmer le lien fondamental qui relie tout être humain à sa lignée. Admiration ou déception, sentiment d'infériorité ou jalousie, volonté de transmettre et peur d'être remplacé... Il y a de l'amour et de la haine, de la confiance et de la défiance, de la tristesse et de la joie dans la relation entre un enfant et ses parents.

D'un côté, les parents attendent beaucoup de l'enfant ou s'en désintéressent. De l'autre, l'enfant attend beaucoup de ses parents ou s'en désintéresse. Cette complexité de la relation génère de nombreuses tensions, des incompréhensions et même parfois des violences. Les attentes sont à la hauteur des déceptions, les espoirs des déconvenues. Parfois, chacun accumule des blessures dans le secret de son cœur, jusqu'à ce que les liens qui les relient viennent à rompre... L'enfant est alors coupé de sa lignée.

• • •

Le roman familial

Pour Freud, tout enfant, à un moment donné de sa vie (souvent avant l'âge de 10 ans), imagine que ses parents ne l'aiment pas suffisamment. Il fantasme alors que ses parents ne sont pas ses vrais parents, qu'il a été abandonné et adopté. Alors l'enfant s'invente de nouveaux parents plus valorisants (des gens plus riches, plus beaux, plus puissants, plus aimants, etc.). Tel est le roman familial, l'un des concepts les plus célèbres de Freud, utilisé aujourd'hui couramment en psychothérapie, mais aussi en histoire ou en littérature.

. . .

La première étape est de pardonner à tes parents le mal qu'ils t'ont fait : les injustices et les violences que tu as eues à subir par leur faute, qu'ils en aient été les auteurs directs ou aient manqué à leur devoir de protection. Bien sûr, parfois, la blessure est telle qu'on ne veut pas pardonner. On s'en croit incapable, car on est encore submergé par la colère, même plusieurs années après. Pourtant, on n'a pas le choix si on veut avancer positivement dans sa vie et dans sa relation aux autres. Un arbre ne se fâche pas avec ses racines !

L'enjeu n'est pas seulement de se réconcilier avec ses parents, mais de se réconcilier avec ses ancêtres. Trop de colère nous coupe de notre lignée et nous empêche de profiter de son assise et de sa force. Pardonne, même l'impardonnable s'il le faut. Renonce à la colère, même à celle qui te semble juste. Libère tes parents de la dette qu'ils ont contractée vis-à-vis de toi en se comportant mal et libère-toi de la dette que tu penses avoir à leur endroit. Pour cela, tu n'as que quelques mots à prononcer à voix haute avec la force d'un engagement :

Je te pardonne papa !
Je te pardonne maman !

Maintenant que tu as pardonné, toutes les dettes sont effacées. Ils ne te doivent plus rien et tu ne leur dois plus rien. Tu peux désormais vivre ta propre vie et devenir ce que tu veux devenir. Tu es le descendant de ta lignée, mais le seul à décider où tu vas l'emmener. Tu es comme la plus longue racine de l'arbre partie explorer les terres les plus éloignées du tronc. Tu avances comme un éclaireur dans un territoire inconnu. Tu es maintenant le seul auteur de ton histoire. Tu sais d'où tu viens et toi seul décides où tu vas.

. . .

Mes chers parents, je pars
Je vous aime mais je pars
Vous n'aurez plus d'enfant
Ce soir

Je ne m'enfuis pas je vole
Comprenez bien, je vole
Sans fumée, sans alcool
Je vole, je vole

MICHEL SARDOU, *JE VOLE*

TON DÉFI

Accomplis le rituel du bonhomme en allumettes

Le rituel du bonhomme en allumettes est un exercice de spiritualité ayant pour but notamment de rompre des liens avec des personnes qui entretiennent un lien d'attachement toxique avec nous. L'objectif est de se libérer de ce lien d'attachement pour retrouver la paix intérieure et pouvoir avancer sur son propre chemin de vie de façon plus sereine.

Consignes pour réaliser le rituel :

- Prends une feuille blanche et mets-la dans le sens de la largeur (en format paysage).
- Commence par dessiner un premier bonhomme qui te représente d'une manière schématique.
- Note en dessous du bonhomme ton prénom et ton nom.
- Entoure-le d'un cercle en traçant plein de petits traits de lumière tout autour du cercle à la manière des traits qui entourent les soleils d'enfant. Ce cercle et ces traits représentent le fait que tu te souhaites le meilleur.

- Maintenant dessine l'autre personne.
- Note en dessous son prénom et son nom.
- Entoure d'un cercle le bonhomme en faisant plein de petits traits de lumière tout autour. Ce cercle et ces traits représentent le fait que tu souhaites le meilleur à l'autre. Même si tu considères qu'il t'a causé du tort, il mérite de poursuivre son chemin.

- On trace ensuite un grand cercle de lumière qui entoure les deux premiers, pour symboliser qu'on souhaite le meilleur aux deux personnes.
- On relie ensuite les deux bonhommes à sept endroits différents : au niveau du sommet de la tête, entre les deux yeux, au niveau du cou, de la poitrine, du ventre, du bas-ventre puis entre les deux jambes[*]. On peut faire des traits de différentes couleurs si l'on veut, mais on n'est pas obligé.

- Enfin, dernière étape, découpe avec une paire de ciseaux la feuille en deux, en séparant les deux bonhommes. Et dis (à voix haute ou dans ta tête) : « Voilà, c'est fait ! Les liens sont rompus ! ». Tu peux alors jeter les deux parties ou les brûler.

BRAVO POUR CE NOUVEAU DÉFI !

---

[*] Ces sept points correspondent en réalité au sept *Chakras*.

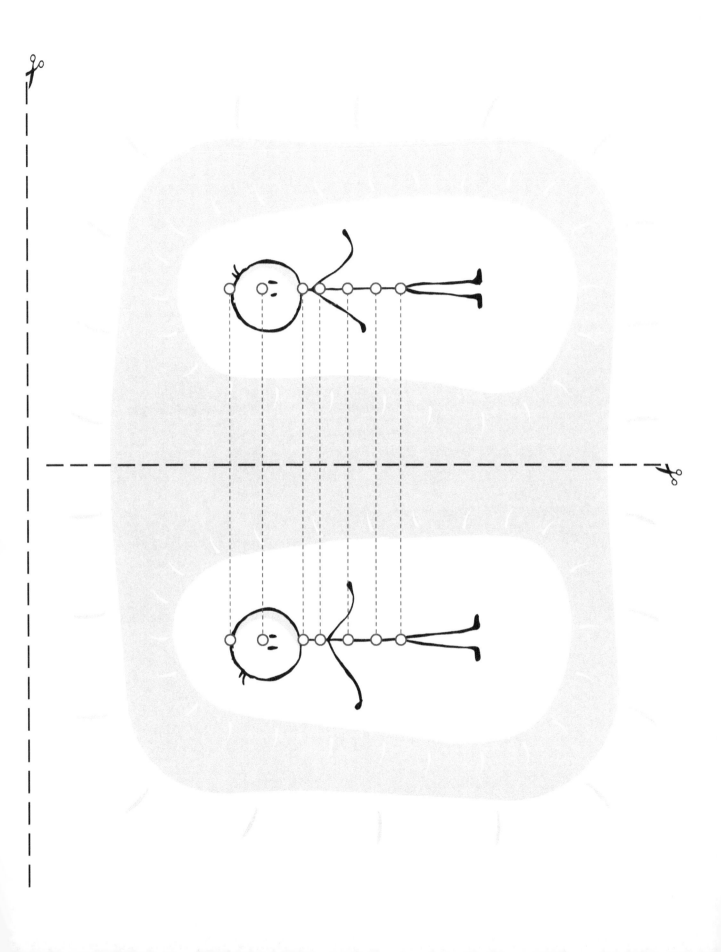

Tu portes en toi le désir de la vie

• • •

« La vie est une chance, saisis-la.
La vie est une richesse, conserve-la.
La vie est un combat, accepte-le.
La vie est une béatitude, savoure-la.
La vie est un devoir, accomplis-le. »

ANJEZË GONXHE BOJAXHIU (MÈRE TERESA)

• • •

Il est un jour dont tu ne te souviens probablement pas. Ce jour s'est passé bien avant ta naissance. Ce jour, c'est celui où dans le ventre de ta mère biologique (maintenant ce miracle peut aussi se produire en laboratoire), son ovule fécondé par l'un des spermatozoïdes de ton père est devenu la *Vie*. Ce jour-là, une force aussi puissante que mystérieuse s'est emparée de toi, et t'a créé… Et cette *Vie*, cette vibration qui t'anime chaque jour depuis, ne t'a jamais quitté. Elle est là, partout en toi. Tu rayonnes de *Vie*.

Il y a plusieurs milliards de cellules dans ton corps. Dans les neurones de ton cerveau, dans les cellules de ton cœur, dans les cellules de tes muscles, la *Vie* est là. C'est la *Vie* qui, en suivant le programme déterminé par tes gènes, t'a construit, t'a donné le corps et l'esprit que tu as aujourd'hui. Tu n'es pas seulement fait de chair, de sang et d'os. Tu es fait de la *Vie*. C'est la même force qui est dans les arbres, dans les oiseaux, dans les poissons, dans les insectes, dans les virus et les bactéries, dans tout ce qui est vivant.

La *Vie* te rend semblable et te fait appartenir au large royaume du vivant. Les arbres, les fleurs, les champignons, les oiseaux, les insectes... Même les serpents ou les araignées sont tes frères et tes sœurs. Ils sont la *Vie*. À ceci près que la *Vie* se nourrit de la *Vie*, alors qu'on ne mange pas ses frères et sœurs... Je ne suis pas triste quand je vois un homme manger une salade ou un lion dévorer un buffle, car c'est là l'expression même de la *Vie*. C'est ainsi qu'elle continue son règne sous mille formes alors qu'elle n'est qu'une.

Ce qu'il faut comprendre, c'est que tu appartiens à ce règne. Il faut que tu prennes conscience à quel point tu es relié à tous les autres êtres vivants. Ne cherche pas, comme on le voit trop souvent, ce qui te différencie d'eux. Cherche au contraire ce qui te rend semblable à eux. Si tu les observes attentivement, tu verras à quel point tu leur ressembles. Nous partageons ensemble un destin commun. Surtout nous sommes habités par quelque chose de commun, qui nous rassemble en une même famille.

Ce "quelque chose", c'est simplement la *Vie*, et tout ce qui la compose : une volonté, un instinct, une intention de créer, de croître et de se développer. Comme une vibration qui chercherait à vibrer toujours plus et à se répandre partout dans l'univers pour mieux en remplir le silence. Cette vibration, bien que nous ayons tous des formes très différentes, fait de nous les membres d'une même famille ou plutôt les joueurs d'un même orchestre dont chaque *Vie* crée la grande symphonie de la *Vie*.

Espèces et génomes

La génétique comparative a démontré qu'Homo sapiens avait 98 % de gènes en commun avec le Chimpanzé, 85 % avec la souris, 80 % avec la vache, le chat ou le chien, 70 % avec l'oursin, 61 % avec la mouche, 60 % avec le poulet, 43 % avec les vers, 40 % avec la banane, 35 % avec la jonquille, 25 % avec la laitue ou le riz. Homo sapiens partagerait par ailleurs 26 % de ses gènes avec la levure et 18 % avec le champignon de

Paris[*]*. Nous avons beaucoup plus en commun avec les autres espèces vivantes que ce que nous croyons.*

Sens-tu cette vibration qui fait se hérisser à la surface de ta peau chaque poil ! Entends-tu avec quel enthousiasme bat ton cœur ! On dirait que chaque cellule qui le compose est dans la joie ! Une forme de joie, oui voilà peut-être la définition la plus précise de ce qu'est la *Vie*. Et cette joie t'habite comme tu habites ta maison. C'est une sorte d'appétit, de frétillement, de chatoiement, de scintillement... C'est un truc un peu indéfinissable pour lequel on manque de mots, mais qui pourtant est là. On ne peut le nier !

• • •

« *L'être vivant est surtout un lieu de passage,
et l'essentiel de la vie tient dans le mouvement qui la transmet.* »

HENRI BERGSON

• • •

La *Vie*, c'est ce qui a fait que la graine initiale s'est développée dans le ventre de ta mère. C'est cette force qui, en suivant le code de tes gènes, a ordonné la construction de ton être, jour après jour, semaine après semaine, jusqu'à ta naissance et à ton premier cri dans les eaux et le sang. C'est cette force qui fait que, malgré les difficultés, la tristesse ou l'ennui, chaque jour tu te lèves, tu penses et tu agis et que le jour d'après tu recommences. Si tu continues de cheminer dans ce monde absurde, c'est parce que tu es vivant !

• • •

---

* E.S. Lander et al., *« Initial sequencing and analysis of the human genome »*, Nature, vol. 409, n° 6822, 15 février 2001, p. 860-921.

L'histoire de deux embryons

Deux embryons se trouvaient dans l'utérus d'une femme enceinte. Le premier était un optimiste et le second un pessimiste. Le pessimiste prit la parole et dit : « comment quelqu'un peut-il croire à la vie après l'accouchement ? »

L'optimiste lui répondit : « Je suis certain qu'il y a une vie après l'accouchement. Notre passage dans le ventre de notre mère n'a d'autre sens que de nous préparer à la vie après l'accouchement. L'accouchement n'est pas la fin, mais une nouvelle naissance. »

Le pessimiste répondit : « Ce que tu dis est faux. Il ne peut exister de vie après l'accouchement. Quelle forme aurait une telle vie ? Personne, de toute façon, n'est jamais revenu d'un accouchement pour raconter ce qui se passe après. »

L'optimiste ajouta : « Je suis certain que le monde qui nous attend après l'accouchement est un monde plein de lumière. Nous pourrons voir avec nos yeux, sentir avec notre nez, manger avec notre bouche et même courir avec nos jambes et... »

Le pessimiste objecta : « Ce que tu dis est ridicule. Ce sont des inventions. Comment pourrions-nous courir ? Et manger avec notre bouche ? Quelle en serait l'utilité alors que nous avons ce cordon ombilical qui nous nourrit et nous attache à notre monde. »

L'optimiste ajouta sans perdre espoir : « Ce doit être possible ! La vie d'après est très différente. Nous allons découvrir des choses extraordinaires. Nous allons découvrir des capacités hors du commun et un monde merveilleux. »

Le pessimiste le contredit aussitôt : « Il faut te rendre à l'évidence. Avec l'accouchement, finie la vie. Tel est notre destin d'embryon. Et après, il n'y a rien d'autre que le néant. Une fois que l'accouchement se sera produit, nous disparaîtrons. »

L'optimiste acquiesça : « Je suis d'accord avec toi au moins sur un point : nous ne savons pas ce qu'il y a après. Je suis certain qu'après l'accouchement, nous rencontrerons notre mère et qu'elle prendra soin de nous. »

Le pessimiste ricana : « Une mère ? Tu crois à une mère ? Mais qui est-elle ? À quoi ressemble-t-elle ? Et que fait-elle exactement pour nous ? Tu es décidément plein d'imagination et d'idées farfelues. Tu devrais te montrer un peu plus raisonnable. »

L'optimiste renchérit : « Notre mère est partout autour de nous. Elle est cette paroi qui nous protège, ce cordon qui nous nourrit, cette chaleur qui nous réchauffe, cette eau dans laquelle flotte notre corps... Nous vivons en elle et par elle. Sans elle, nous n'existerions pas. »

Le pessimiste ricana de nouveau : « C'est le summum du délire ! Je n'ai jamais vu de preuves de l'existence d'une quelconque mère. Cette mère dont tu parles est une invention de ton imagination pour te rassurer parce que tu as peur de l'accouchement. »

L'optimiste ajouta encore d'une voix claire : « Parfois, quand un calme bienfaisant apparaît, je peux l'entendre chanter. C'est comme une vibration qui vient tout autour de nous. Elle caresse notre monde. Alors, je sens sa présence et j'ai hâte de la rencontrer. »

Extrait de *Ce que j'aimerais te dire (2018)*

TON DÉFI

Crée l'arbre généalogique de tes valeurs

- Inscris dans les cases vides le prénom et le nom et de tes frères et sœurs, de tes parents, de tes grands-parents et de tes arrière-grands-parents si tu as eu la chance de les connaître.

- Note ensuite dans la case en dessous de leur nom et prénom le mot qui selon toi résumerait le mieux leur vie.

Ce mot représente ce en quoi ils croyaient, ce qui donnait du sens à leurs actions, ce qui les guidait chaque jour, consciemment ou inconsciemment et qui finalement restera de leur existence.

Cela peut être des mots comme : la famille, la liberté, le travail, l'amour, l'amitié, la sécurité, le don de soi, le sacrifice, l'avidité, le pouvoir ou encore l'argent, etc. Il peut aussi s'agir de verbes correspondant à des actions comme « aider les plus pauvres », « faire fortune », « découvrir le monde », « dominer », « inventer », etc. L'important c'est d'essayer d'identifier ce qui était le plus important pour eux et ce qui était le moteur de leur vie. Un seul mot doit pouvoir tout résumer.

Si tu as peur de te tromper et qu'ils sont encore vivants, pose-leur directement la question. Indique-leur que c'est pour un exercice que tu fais dans le cadre de la lecture d'un livre de développement personnel. Ce sera l'occasion pour toi d'avoir un échange profond et authentique avec eux et finalement de mieux les connaître. On côtoie des gens de sa famille, sans parfois savoir ce qui les caractérise au plus profond. On pense savoir, mais il est si facile de se tromper.

- Une fois que tu auras fait cet exercice avec eux, indique ce qui est le plus important pour toi, de nouveau sous la forme d'un seul mot ou d'un seul verbe d'action. Quel est le mot qui pourrait le mieux résumer ta vie ? Observe ensuite le résultat.

Tu découvriras ainsi l'arbre généalogique de tes valeurs. Tu découvriras à quel point tu ressembles à tes ancêtres et à quel point tu es différent d'eux. Tu comprendras par quel mariage de valeurs ta conscience s'est développée et est ainsi née.

BRAVO POUR CE NOUVEAU DÉFI !

En toi, il y a aussi un loup...

. . .

« Au début des temps, il n'y avait pas de différence entre les hommes et les animaux. »

LÉGENDE ESKIMO

. . .

Les êtres humains communiquent avec des téléphones portables, ils ont inventé l'électricité, la bombe atomique et Internet. Ils sont allés jusqu'à poser le pied sur la Lune et se préparent à envoyer des vaisseaux spatiaux sur Mars. Ils écrivent des livres, des pièces de théâtre et des symphonies dont la beauté est époustouflante. Et pour autant, ils demeurent des animaux. Leurs capacités, bien que supérieures, ne sauraient les arracher à leur nature profonde comme l'arbre ne saurait arracher ses racines à sa propre terre.

Mozart ou Kahlo, Edison ou Hopper sont des génies qui ont changé le cours de l'histoire. Pourtant, comme le reste de l'humanité, ils partagent une histoire commune et des instincts semblables avec les lions, les girafes, les ours, les singes ou les souris. Ils sont faits de la même chair et du même sang. Ils respirent le même oxygène et expulsent le même gaz carbonique. Eux aussi se nourrissent d'animaux et de végétaux. Ils ont besoin de dormir et de se reproduire. Ils prennent du plaisir à courir ou à se battre.

L'affection de la louve pour son louveteau n'est pas différente de l'affection de la femme pour son enfant. Son agressivité et sa combativité, quand il s'agit de satisfaire ses besoins les plus essentiels, ou ceux de sa progéniture, comme conserver son rang au sein de la meute, n'est pas différente de celle de la femme qui se démène pour trouver un bon travail ou une bonne école pour son enfant. Les objectifs, les moyens et le sens donné aux choses sont certes différents, mais les mécanismes sous-jacents sont semblables.

• • •

« Un gentleman est un loup patient. »

HENRIETTE TIARKS

• • •

Pense à la dernière fois où tu t'es mis en colère. Te rappelles-tu à quel point tes muscles étaient tendus ? Te rappelles-tu à quel point tu avais chaud. Ton cœur cognait fort dans ta poitrine et ta mâchoire était serrée. Et si cette mâchoire se serrait comme un étau, c'est parce que le loup était en train de sortir de toi. La bête se révélait au grand jour. Et cette bête avait, à cause d'une frustration inacceptable, envie de mordre, de frapper, de hurler jusqu'à obtenir ce qu'elle désirait et qu'elle jugeait nécessaire à sa survie.

Te rappelles-tu la dernière fois où tu as éprouvé le désir sexuel. Une odeur, une image, un son, avait activé en toi, au cœur de ton cerveau reptilien, le désir presque irrépressible de faire l'amour. Ton sexe était chaud. Tes tempes étaient chaudes. Ta poitrine était chaude. Tes nerfs étaient parcourus de tressaillements. La situation ne s'y prêtait peut-être pas. Tu devais réprimer ce désir, l'enfouir au plus profond. Mais il te harcelait, revenait sans cesse, jusqu'à ce que d'une manière ou d'une autre, tu l'assouvisses.

Le loup est toujours là, prêt à bondir. On a beau essayer de le cacher, de le dompter, de le dresser, il n'en demeure pas moins présent. *Homo sapiens* a besoin de dévorer, de copuler, de se battre, de conquérir, de marquer son territoire, de renifler, de s'épouiller, de grogner, de hurler, de dominer ou d'être dominé… *Homo sapiens* a besoin, au moins de temps en temps, de se réconcilier avec sa part animale. Sinon il n'existe qu'à moitié. Il ne vit que la moitié de sa vie. Il est privé d'une part de son existence…

• • •

L'appel de la forêt

L'as-tu entendu ? Ce murmure glissé à ton oreille alors que tu contemplais la nature sauvage. Tes yeux scrutaient la forêt et les montagnes… Ton nez reniflait l'odeur de l'herbe, des feuilles mortes et de la sueur des animaux. Tes oreilles résonnaient, ici du cri d'un oiseau, là du bouillonnement d'un ruisseau, plus loin des hurlements des loups… Tes sens étaient saturés par une explosion de sensations et en toi montait un sentiment puissant, mystérieux… Tu étais presque en transe et tes pensées se troublaient.

Voilà que tu entendais l'appel de la forêt.

Tu avais soudain envie de courir, d'oublier les mots pour juste ressentir. Les factures, ton mariage, ton boulot, tu voulais les oublier, t'échapper au petit trot comme un cheval sans cavalier. Tes vêtements, tu les jetais avec tes traditions. Les bonnes manières, tu n'en avais cure. Tu voulais grogner, gratter, uriner ou péter sans qu'on te juge. Ivre de liberté, tu t'enfonçais profondément dans la nature sauvage, redevenant un animal, une bête libre, sans attaches. De ton passé, tu avais fait table rase.

Tu avais succombé à l'appel de la forêt.

• • •

Le fait pour toi de prendre conscience de cette nature ambivalente où coexistent L'Homme et l'Animal peut t'aider à mieux comprendre qui tu es et pourquoi à certains moments tu souffres. Beaucoup de souffrances sont en effet liées au refus de nos pulsions animales. Et beaucoup d'erreurs sont commises en oubliant qu'en soi, vivent aussi le loup, le singe, le tigre ou la souris. Accepter cette part primitive apaise, soulage et guérit. C'est une manière pour l'arbre que tu es de se relier d'une manière différente à ses racines.

Pour apaiser tes souffrances et être vraiment toi-même, tu dois trouver des lieux d'expression pour cette part animale. Ton agressivité naturelle doit pouvoir s'exprimer comme l'eau du torrent trouve par où s'écouler dans la pente de la montagne. Trouver un lieu d'expression de sa part animale ne signifie pas se laisser aller à la sauvagerie. Cela veut simplement dire qu'il faut accepter et reconnaître quand, par les pensées ou les intentions, l'Animal qui est en nous se manifeste, et apprendre à mieux canaliser sa force et son énergie.

• • •

« Si tu ne vas pas dans les bois, jamais rien n'arrivera, jamais ta vie ne commencera. Va dans les bois, va. »

CLARISSA PINKOLA ESTÉS,
LES FEMMES QUI COURENT AVEC LES LOUPS

• • •

J'aimerais m'adresser maintenant plus particulièrement à mes lectrices. Tu as sans doute conscience que dans les sociétés patriarcales (auxquelles appartient encore la société française), les femmes plus que les hommes sont invitées à réprimer leurs instincts. Dès leur plus jeune âge, les adultes encouragent les jeunes filles à réprimer leur agressivité, leurs aspirations à la liberté et à la nature, et leurs pulsions sexuelles. Il semble que les femmes aient encore moins droit que les hommes d'exprimer cette seconde nature.

- T'a-t-on comme beaucoup d'autres femmes incité à ne pas courir trop vite?
- T'a-t-on interdit de grimper aux arbres ?
- T'a-t-on empêché de te battre ?
- Les adultes que tu côtoyais avaient-ils peur que tu sois forte ?

Pourtant, les hommes et les femmes ne sont pas si différents du point de vue de la nature. Hommes et femmes ont tous les deux besoin de dominer et/ou d'être dominés pour trouver leur place au sein du clan. Ils ont besoin de protéger la vie ou au contraire de la détruire. Ils ont le même besoin de chasser, d'explorer, de vagabonder, de courir et de se battre. Les hommes et les femmes sont habités par les mêmes pulsions animales. Seule la culture réprouve différemment cette seconde nature.

Si tu es une femme, je t'invite plus encore que les hommes à te réconcilier avec ta part animale. Je t'invite à l'exprimer avec force et sans honte, pour tout ce qui ne touche pas aux interdits fondamentaux de notre civilisation, et ne contrevient pas au bonheur et aux intérêts d'autrui. Dans le cœur de toute femme vit une louve, puissante, déterminée, dominatrice. Dans le cœur de toute femme vivent l'aspiration à la liberté et la volonté d'explorer le monde. Laisse-toi être cette louve quand il te plaira de l'être !

• • •

Les chasseuses de loups

Au XXe siècle, en Alaska, avait été créée une fondation pour la protection de la vie sauvage. Cette fondation offrait une prime de cinq mille dollars à quiconque parvenait à capturer des loups vivants.

Deux amies montagnardes, Sophie et Isabelle, décidèrent de se lancer dans cette aventure. Elles s'équipèrent de tout le matériel nécessaire et partirent pour plusieurs jours à travers les montagnes enneigées de l'Alaska dans l'espoir de trouver des loups à capturer.

Un jour, épuisées de leur longue marche dans la neige, les deux amies s'endormirent en pleine nature. Tout à coup, Sophie fut réveillée par des bruits étranges. À l'extérieur de leur tente, elle entendait des bêtes grogner.

Les deux amies sortirent de leur duvet et s'aperçurent alors qu'elles étaient encerclées par une meute de plus de vingt loups aux grands yeux luisants dans la nuit et aux mâchoires menaçantes. Ils avaient l'air affamé.

Sophie regarda Isabelle et sautant alors de joie, elle dit : « Isabelle, c'est merveilleux ! Nous sommes riches ! »

TON DÉFI

Découvre ton animal totem

Commence par prendre une profonde inspiration pour te détendre.
Puis ferme les yeux.

Maintenant, imagine un arbre.
Cet arbre est très grand. Son feuillage est vert, son tronc est marron et le ciel est bleu.
Ses feuilles bruissent dans le vent.
La terre dans laquelle plongent ses racines dégage une odeur d'humus.
Son écorce est parfumée.
Sur ton visage, tu sens la chaleur du soleil.

Dans le tronc de cet arbre, il y a une porte.
Ouvre cette porte.
Derrière la porte, il y a un escalier qui descend.
Descends les marches de cet escalier.
Tout en bas de cet escalier, il y a une clairière.

Dans cette clairière, tous les animaux qui existent sur la Terre sont réunis.
On dirait une arche de Noé.
Il y a là tous les animaux d'Europe : des vaches, des loups, des cerfs, des renards, des blaireaux, des moineaux, des ours, des aigles, etc.
Il y a là tous les animaux d'Asie : des éléphants, des tigres, des serpents, des varans, des buffles, des singes, des hirondelles, etc.
Il y a aussi tous les animaux d'Amérique : des grizzlys, des carcajous, des vautours, des truites, des saumons, des bisons, des chevaux, etc.
Et tous les animaux d'Afrique : des lions, des guépards, des autruches, des rhinocéros, des hippopotames, des girafes, etc.
Il y a aussi les animaux des pôles nord et sud : des pingouins, des phoques, des lions de mer, des ours blancs, des goélands, etc.
Et tous les animaux de la mer sont là aussi : des baleines, des orques, des requins, des étoiles de mer, des dauphins, des hippocampes, des pieuvres, des poissons-clowns, des méduses, des planctons luminescents, etc.

TON DÉFI

Parmi tous ces animaux, il y en a un qui t'attire particulièrement. Ce premier animal que tu vois et qui t'attire presque irrésistiblement est ton animal totem.

Approche-toi de lui, qu'a-t-il à te dire ?
Quelle force à te transmettre ?
Quel message ?

Ton animal totem représente, à un instant de ta vie, l'animal qui incarne le plus les qualités dont tu dois faire preuve pour parvenir à atteindre tes objectifs. Conserve précieusement dans ton cœur son image. Chaque fois que tu rencontreras une difficulté ou que tu devras faire face à un problème à résoudre, pense à ton animal totem. Tu puiseras, dans ce symbole, l'énergie nécessaire pour résoudre ce problème ou dépasser cette difficulté. Ton animal totem est là pour t'apporter son soutien et t'inspirer.

L'animal totem renvoie à une dimension magique et spirituelle de l'existence.
La spiritualité est une source infinie de sens et d'énergie.

BRAVO POUR CE NOUVEAU DÉFI !

Tu parles avec des mots vieux de mille ans

• • •

*« Ignorer les événements qui se sont passés avant votre naissance,
c'est rester toujours enfant. »*

CICÉRON

• • •

Depuis ta naissance, par le biais de l'éducation de tes parents et par imitation de tes pairs, tu t'imprègnes de la culture de ton pays. Ta culture est un ensemble de lois qu'il te faut respecter, mais ce sont aussi et surtout des connaissances qui te permettent de comprendre le monde et des valeurs qui te guident et donnent sens à ce que tu fais. Ces lois, ces connaissances et ces valeurs sont contenues dans *le grand livre de la culture*. Cela signifie qu'elles existaient bien avant toi. Certaines sont vieilles de plus de mille ans.

Les images et les pensées qui peuplent ton esprit, les sentiments et les émotions que tu ressens au plus profond de ton cœur, les mots qui sortent de ta bouche et les gestes que tu réalises avec tes mains sont produits par cette culture, transmise de génération en génération. La culture modèle les paysages intérieurs d'*Homo sapiens* comme le soleil, le vent et la pluie modèlent la physionomie de la nature. Tu portes ces paysages en ton sein. Tu es comme un messager chargé d'en transmettre le dessin.

Sais-tu que les mots que tu utilises ont pour certains plusieurs siècles ? Les idées qui te passent par la tête et les réflexions que tu construis ont pour certaines été inventées il y a près de deux mille cinq cents ans. Ton esprit n'est pas si différent de celui d'Aristote, professant la philosophie à ses élèves du lycée d'Athènes.

Ce qu'il contient est proche de ce que contenaient les têtes bien faites de ces jeunes gens, pourtant séparés de toi par des milliers de kilomètres, quatre-vingts générations et plus de deux mille ans d'Histoire.

Ta manière de saluer un ami, d'embrasser la femme ou l'homme que tu aimes datent aussi de plusieurs centaines, voire de plusieurs milliers d'années. Sais-tu que le baiser des amoureux remonte à plus de 3 500 ans et que dans l'Inde, ou l'Égypte ancienne, on s'embrassait déjà sur la bouche. Dans une de ses fables, Plutarque fait remonter la tradition romaine de s'embrasser à la guerre de Troie. Et toi, tu fais le même geste que tes ancêtres pour exprimer le même sentiment. Ce geste et ce sentiment n'ont pas vieilli.

• • •

« L'homme de culture doit être un inventeur d'âmes. »

AIMÉ CÉSAIRE

• • •

Chaque fois que tu parles, chaque fois que tu ressens une émotion ou que tu agis, rappelle-toi que de lointains ancêtres ont créé cette parole, cette émotion ou ce geste. Rappelle-toi que bien que des siècles vous séparent, vous n'êtes pas si différents. Vous êtes les mêmes, mais à une époque différente. On croit que le temps existe, et il existe, mais, en réalité, il ne nous sépare pas, bien au contraire, il nous fait sans cesse nous rejoindre à travers une parole, une émotion ou un geste. Le temps et la mort n'existent pas.

Tes larmes coulent sur les joues de tes aïeux, tes rires résonnent dans la bouche de tes pères, tu marches dans les pas de tes ancêtres. Tu rêves avec l'esprit de tes ancêtres. Tu parles avec les mots de tes ancêtres. Tu as peur de ce dont tes ancêtres ont eu peur. Tu crois vivre à une certaine époque. Tu crois être l'auteur. Mais non… Tu es le messager. Tu portes le *grand livre de la culture* qui parle à travers toi. Tu n'es pas seul. Tous les hommes et toutes les femmes sont présents à tes côtés. Ils continuent de vivre en toi.

. . .

Aider à écosser des petits pois

C'est presque toujours à cette heure creuse de la matinée où le temps ne penche plus vers rien. Oubliés les bols et les miettes du petit déjeuner, loin encore les parfums mitonnés du déjeuner, la cuisine est si calme, presque abstraite. Sur la toile cirée, juste un carré de journal, un tas de petits pois dans leur gousse, un saladier.

On n'arrive jamais au début de l'opération. On traversait la cuisine pour aller au jardin, pour voir si le courrier était passé...

– Je peux t'aider ?

Ça va de soi. On peut aider. On peut s'asseoir à la table familiale et d'emblée trouver pour l'écossage ce rythme nonchalant, pacifiant, qui semble suscité par un métronome intérieur. C'est facile d'écosser les petits pois. Une pression du pouce sur la fente de la gousse et elle s'ouvre, docile, offerte. Quelques-unes, moins mûres, sont plus réticentes – une incision de l'ongle de l'index permet alors de déchirer le vert, et de sentir la mouillure et la chair dense, juste sous la peau faussement parcheminée. Après, on fait glisser les boules d'un seul doigt. La dernière est si minuscule. Parfois, on a envie de la croquer. Ce n'est pas bon, un peu amer, mais frais comme la cuisine de 11 heures, cuisine de l'eau froide, des légumes épluchés – tout près, contre l'évier, quelques carottes nues brillent sur un torchon, finissent de sécher.

Alors on parle à petits coups, et là aussi la musique des mots semble venir de l'intérieur, paisible, familière. De temps en temps, on relève la tête pour regarder l'autre, à la fin d'une phrase ; mais l'autre doit garder la tête penchée, c'est dans le code. On parle de travail, de projets, de fatigue – pas *de psychologie. L'écossage des petits pois n'est pas conçu pour expliquer, mais pour suivre le cours, à léger contretemps. Il y en aurait pour cinq minutes, mais c'est bien de prolonger, d'alentir le matin, gousse après gousse, manches retroussées. On passe les mains dans les boules écossées qui remplissent le saladier. C'est doux ; toutes ces rondeurs contigües font comme une eau verte tendre, et l'on s'étonne de ne pas avoir les mains mouillées. Un long silence de bien-être clair, et puis :*

– Il y aura juste le pain à aller chercher.

Philippe Delerm, *La première gorgée de bière*

• • •

Cela signifie que rien ne te sépare des gens que tu as profondément aimés et qui ont aujourd'hui disparu. Tu peux te reconnecter à eux à n'importe quel moment. Tu peux à nouveau ressentir leur présence rassurante. Pour cela, il suffit de faire *le geste* ! Rappelle-toi un geste caractéristique qu'ils faisaient et reproduis-le. Adopte la même posture, la même allure, le même style vestimentaire… Fais le même mouvement… Tu vas ressentir quelque chose d'extraordinaire. Tu verras qu'ils ne sont jamais partis. Ils sont là.

Tu comprendras alors que l'absence peut être présence. Tu ouvriras ton esprit à une nouvelle façon de penser que l'on retrouve dans d'autres cultures qui considèrent que les personnes disparues continuent d'exister et qu'elles veillent sur le destin des vivants. En s'ouvrant à cette nouvelle façon de penser, tu sentiras un grand réconfort de te sentir à ce point entouré. Cela te donnera de la force et cela séchera tes larmes. Car à quoi bon pleurer un disparu s'il est là, si l'on peut sentir à travers la fine barrière du temps sa présence.

TON DÉFI

Connecte-toi à l'un de tes ancêtres par le geste

Je voudrais que tu te rappelles un geste que faisait l'un de tes ancêtres. Souviens-toi d'un geste de ta grand-mère, de ton grand-père, d'un oncle ou d'une tante. Va au plus ancien que tu puisses aller. Et amuse-toi maintenant à reproduire le même geste. Essaie de faire exactement le même geste. Et en faisant ce geste, fais-le revivre. Il peut s'agir de la manière de préparer le café, de fumer, d'embrasser, de parler, de cuisiner, de s'habiller... N'importe quelle action. L'objectif est d'essayer de la reproduire parfaitement.

Quel est le nom de l'ancêtre que tu veux faire revivre ? ....

Quel geste était typique de cette personne ? ....
....
....
....

Maintenant reproduis ce geste.
Fais-le plusieurs fois et sois à l'écoute de ce que tu ressens.
Sois attentif à tes pensées, tes émotions, tes sentiments.
Écoute les messages de ton corps et de ton esprit.

Quand tu reproduis ce geste, que ressens-tu ?
....
....
....

Comment te sens-tu après cette expérience ?
....
....
....

Remercie ton ancêtre pour TOUT ce qu'il t'a légué en héritage.

BRAVO POUR CE NOUVEAU DÉFI !

Souviens-toi de ceux qui t'apportèrent la sécurité

• • •

*« C'est une chose étrange à quel point la sécurité
de la conscience donne la sécurité du reste. »*

VICTOR HUGO

• • •

Je voudrais que tu plonges dans les eaux chaudes et profondes de ta mémoire – oui, c'est chaud un souvenir ! – pour partir à la recherche d'un instant, aussi ancien fut-il, où tu t'es senti parfaitement en sécurité durant ta vie. Les dangers du monde semblaient s'être éloignés. De solides barrières, visibles ou invisibles, te protégeaient de tous les risques, accidents ou dangers. Durant cet instant, tu as ressenti la détente, le relâchement, la protection et l'amour. Tu avais confiance dans les gens et dans le monde.

Peut-être y avait-il une personne avec toi ? Et la présence de cette personne avait la capacité, sans que tu puisses l'expliquer, de te donner le sentiment d'être à l'abri. Ou alors tu étais seul ? Isolé ? Dans un endroit à l'écart ? Peu importe le contexte en fait. Ce qui compte, c'est qu'à cet instant précis de ta vie tu aies ressenti un sentiment de bien-être et de sécurité totale. Allez, va ! Pars dans les couloirs du temps à la recherche de ce souvenir. Ferme les yeux si cela peut t'aider. Trouve cet instant de sérénité absolue.

Quand tu auras trouvé ce souvenir, je voudrais que tu prennes le temps de bien te rappeler tous les détails. Souviens-toi des images. Ravive leurs couleurs jusqu'à ce qu'elles retrouvent leur intensité. Rappelle-toi les sons… Est-ce une voix familière que tu entends ? Le bruit des vagues sur une plage ? Le bruissement du vent dans les branches des arbres ? Le crépitement des bûches qui brûlent dans la cheminée ? De la musique ? Rappelle-toi précisément les sons que tu as entendus à ce moment précis de ta vie.

Rappelle-toi la position de ton corps, la tension dans tes muscles, le rythme des battements de ton cœur, les sensations sur ta peau... Et peut-être qu'il y a des odeurs et des goûts que tu pourrais te remémorer aussi et qui sont liés à cet instant. Reconstitue ton souvenir comme on reconstitue un puzzle. Ravive-le comme on restaure un vieux meuble. Mets-le au centre de ton esprit pour qu'il occupe toute ton attention. Prends ton temps. Réveiller un souvenir, c'est un peu comme réveiller la belle au bois dormant.

Ne crains pas de voyager dans le temps, car ta conscience est libre d'aller là où elle veut. La nature lui a octroyé ce pouvoir mystérieux. Ne crains jamais de plonger dans ton passé si tu viens y chercher le bien-être et la sécurité. La nostalgie est saine quand elle te permet de te reconnecter avec des souvenirs positifs. Si l'arbre résiste aux assauts de la tempête, c'est parce que ses racines se souviennent de toutes les fois où il fut chahuté par le vent. Certains souvenirs nous donnent énormément de force.

Une fois que tu seras reconnecté à ce souvenir, pense au sentiment de sécurité qui était le tien à ce moment-là. Rappelle-toi la confiance que tu avais, non seulement en toi-même, mais aussi dans les personnes et dans les choses. Savoure ce sentiment. Laisse-le t'envahir complètement. La confiance est une émotion et elle peut t'envahir comme peuvent t'envahir la peur, la tristesse ou la colère. Tu dois juste apprendre à maîtriser cette émotion particulière, qui est à la base de la sérénité et du bien-être.

Et ensuite, pars redécouvrir d'autres instants au cours de ton histoire où tu as eu la chance d'éprouver ce merveilleux sentiment de sécurité. Souviens-toi de tes "chevaliers protecteurs", ces personnes (membres de ta famille, amis, relations amoureuses, collègues, rencontres, etc.) qui te faisaient te sentir à l'abri et rappelle-toi tes "châteaux forts", ces lieux dans lesquels tu te sentais à l'abri (une maison, un appartement, une chambre d'hôtel, une plage, une forêt, une prairie, une cabane, etc.).

Dans un puits, on vient puiser de l'eau fraîche et désaltérante pour étancher sa soif. Dans sa mémoire, on vient puiser la force de relever les défis du temps présent, de sortir de sa zone de confort et d'oser ! Chaque souvenir où tu t'es senti en sécurité, fort et invincible, peut te servir dans les moments difficiles où tu prends des risques. Ces souvenirs doivent t'aider à te rappeler qui tu es. Ils doivent te permettre de prendre conscience de toutes les ressources dont tu disposes pour réussir dans ta vie.

• • •

L'aide de Dieu !

Un jour, un village fut victime d'une grave inondation. Un jeune homme s'était réfugié sur le toit de sa maison pour échapper aux flots qui se déversaient partout aux alentours. Lorsque les pompiers arrivèrent avec une barque, l'eau était montée jusqu'au premier étage de la maison. Les pompiers, qui avaient réussi après beaucoup d'efforts à s'amarrer à la maison, demandèrent au jeune homme de sauter dans la barque, mais celui-ci leur répondit :

– Non merci. C'est Dieu qui viendra m'aider !

Les pompiers furent contraints de repartir pour aller sauver d'autres personnes et ce alors que le niveau des eaux continuait à monter. Le jeune homme monta plus haut sur le toit. D'autres pompiers arrivèrent alors avec une deuxième barque. Ils lui demandèrent de nouveau de monter, mais de nouveau le jeune homme refusa prétextant qu'il attendait que Dieu intervienne pour venir à son secours.

Les heures passèrent. L'eau finit par recouvrir le toit et le jeune homme n'eut d'autre choix que de monter sur la cheminée. Il risquait à tout moment d'être emporté par les eaux. Un hélicoptère, qui survolait la zone, s'arrêta alors juste au-dessus de lui. Les pompiers lui jetèrent une échelle de corde pour qu'il puisse s'échapper. Mais le jeune homme refusa de nouveau : il attendait toujours que Dieu vienne le sauver...

Quelques minutes plus tard, les eaux montèrent subitement et emportèrent le jeune homme qui mourut noyé. Parvenu au ciel, il alla immédiatement se plaindre à Dieu en lui reprochant de n'avoir pas agi pour lui venir en aide et le sauver. À quoi Dieu répondit :

– Mais bien sûr que si ! Je t'ai envoyé deux barques et un hélicoptère !

TON DÉFI

Identifie tes "Châteaux forts" et tes "Chevaliers protecteurs"

Peux-tu citer trois endroits spécifiques où tu te sens, ou tu t'es senti, particulièrement en sécurité, on les appelle des "châteaux forts". Note leur nom dans la case prévue à cet effet :

....

Peux-tu citer trois personnes avec qui tu te sens, ou avec qui tu t'es senti, particulièrement en sécurité au cours de ta vie, on les appelle des "chevaliers protecteurs" :

....

De quoi aurais-tu besoin aujourd'hui pour te sentir encore plus en sécurité ?

....
....

BRAVO POUR CE NOUVEAU DÉFI !

Tu as déjà relevé un défi impossible

. . .

*« Le courage de vivre offre souvent un spectacle moins
extraordinaire que le courage du dernier instant.
Pourtant, quel magnifique mélange de triomphes et de tragédies. »*

JOHN FITZGERALD KENNEDY

. . .

Tu ne t'en souviens sans doute pas, mais un jour, tu as appris à marcher. Tu te trouvais à quatre pattes, bien posé sur le sol quand, poussé par une aspiration inconsciente, tu as essayé de te lever. Te lever, marcher juste sur tes pieds, quelle folie !!! Tu es tombé presque aussitôt et tu t'es mis à pleurer. Tu as eu peur et même un peu mal à cause du choc. Tu aurais pu t'arrêter là, comme on arrête de poser la main sur une théière brûlante, mais d'une façon inexplicable tu as eu envie de recommencer tout de suite.

- Avais-tu peur de te faire mal de nouveau ? OUI !
- Est-ce que tu allais pleurer encore la prochaine fois que tu allais tomber ? OUI !
- Est-ce que pour autant tu as abandonné ? Bien sûr que NON !!! Car tu avais foi en toi ! Tu savais que tu allais finir par y arriver !!!
- Y es-tu arrivé ? Bien sûr que OUI tu as réussi !

Car maintenant tu marches et cela te semble facile, naturel et évident ! Tu as oublié quelle prouesse est-ce de tenir sur deux jambes. Chaque fois que tu marches, tu réalises un exploit en défiant les lois de l'équilibre !

Le souvenir de cette expérience est enfoui au plus profond de ton inconscient ! Mais ce n'est pas parce qu'il est profondément enfoui, que ce courage n'existe plus ! Il existe ! Il est là bien présent ! Tu as ce courage en toi. Il est dans tes os, tes muscles, tes tripes... Ce courage est là disponible, tu n'as juste qu'à le retrouver. Tu as un projet, une passion, un truc que tu aimerais réaliser, mais tu as peur d'échouer. Fais-le ! Tu vas tomber, c'est certain ! Peut-être dix, vingt, cent fois. Mais tu vas te relever à chaque fois et tu vas y arriver !!!

TON DÉFI

Sors de ta zone de confort

Sénèque a écrit : « Faute d'adversaire le courage s'étiole. » Aussi, je crois qu'il te faut trouver un nouveau défi pour réveiller ce courage qui sommeille en toi. Si tu ne stimules pas ce courage, il risque de s'endormir et tu risques d'oublier qu'il existe. Choisis quelque chose qui te fait peur ! Ouh... Et maintenant affronte ta peur et essaie.

Pour cela, il faut que tu sortes de ta zone de confort. Ta zone de confort correspond aux activités que tu maîtrises. Pas de stress dans la zone de confort, mais il peut aussi surgir un certain ennui. Les êtres humains ont besoin d'être stimulés. Ton point de départ, c'est ta zone de confort.

Maintenant, tu vas sortir de ta zone de confort. Tu vas te lancer dans un nouveau projet, faire une nouvelle activité artistique, ou sportive, dans un domaine que tu ne maîtrises pas. Aïe, Aïe, Aïe, tu vas devoir accepter le stress. Tu vas devoir accepter d'apprendre... Mais en apprenant, en découvrant, en explorant, tu vas prendre du plaisir !

Dans quelle activité, ou quel projet, vas-tu te lancer ? Prends le temps d'y réfléchir, mais surtout d'agir.
....

As-tu peur ? Oui ? Non ? Si tu as peur, c'est bon signe !
....

Que vas-tu devoir apprendre une fois que tu seras lancé(e) ?
....

Quel plaisir vas-tu éprouver en vivant cette expérience ? Pourquoi ?
....
....

Et ce qui est bien, c'est qu'après, tu risques de te lancer dans un nouveau défi encore !

BRAVO POUR CE NOUVEAU DÉFI !

Réaliser
ses rêves !

ZONE DE RÉUSSITE

ZONE D'APPRENTISSAGE

Acquérir
de nouvelles
compétences

Agrandir sa zone
de confort

Faire face
aux défis

ZONE DE PEUR

Manque de
confiance en soi

Ne pas oser

Trouver
des excuses

ZONE DE CONFORT

Sécurité

Sentiment de
contrôle

Pratique l'archéologie du rire !

• • •

« Le fou rire est immortel. »

JEAN-MICHEL RIBES

• • •

Peux-tu te souvenir de la dernière fois où tu as ri ? Peux-tu de nouveau sentir cette contraction de tes zygomatiques au bas de tes joues et cette vibration faisant tressauter ta poitrine jusqu'à tes abdominaux les plus profonds ? Pourquoi riais-tu de si bon cœur ? Est-ce qu'il y avait avec toi tes parents, des amis, ta femme ou ton mari ? Peux-tu te souvenir du bruit que faisaient ton rire et celui des personnes qui étaient avec toi ? Peux-tu te souvenir de la chaleur dans ta tête et du plaisir que tu éprouvais à ce moment-là ?

C'est si bon de rire !

• • •

Dans quel État des États-Unis est-il illégal de se promener pieds nus ?

Au Massachusetts !

• • •

Sais-tu que le cerveau ne fait pas la différence entre la réalité et l'imaginaire ? C'est pourquoi, si tu parviens à te souvenir d'un moment de rire intense, tu devrais ressentir le même plaisir qu'au moment précis où tu as ri, un peu atténué peut-être, mais tu ressentiras une émotion comparable à celle que tu as ressentie dans la réalité. Prends ton temps. Repasse le film dans ta tête. Concentre-toi ! Chaque détail compte ! Les images, les bruits, les odeurs, les sensations sur ta peau et dans ton ventre…

Et voilà qu'apparaissent, revenus du passé comme de gentils fantômes, les fous rires de ta vie. Ce sont des souvenirs doux et lumineux. Tu peux voir les membres de ta famille, tes meilleurs amis, tes collègues, auréolés de cette lumière scintillante de la joie. Cette lumière vient de leurs sourires. Elle vient de leurs rires qui résonnent dans les couloirs du temps et parviennent jusqu'à tes oreilles. C'est la musique du plaisir d'être ensemble, de l'amitié et de l'amour. C'est la musique qui relie les êtres entre eux.

Maintenant, si tu es d'accord, je voudrais que tu te souviennes d'un rire plus ancien. Ce rire date de plusieurs années. Essaie de te souvenir de ce jour où tu as ri, il y a bien longtemps. Tu étais beaucoup plus jeune, avec des gens sympathiques, et voilà que tu as ri jusqu'aux larmes. Tu ne pouvais plus t'arrêter. Tu étais comme dit l'expression "plié de rire". Tu avais "la barre". Remémore-toi ce souvenir, jusqu'à sourire jusqu'aux oreilles. Et à force de sourire, tu pourrais même rire de nouveau. C'est si bon de rire !

• • •

Le médecin et la lampe

C'est un médecin qui soigne un homme spirituel qui souffre des yeux. Tout en lui mettant de la pommade sur les yeux, il lui vole une lampe.

Un beau jour, le médecin lui demande :
– Comment vont vos yeux ?
– Depuis que vous m'avez soigné, répond l'homme, je ne vois plus la lampe…

Blague extraite du *Philogelos*, un recueil de blagues qui date du IIIᵉ siècle de notre ère…

• • •

Si tu es un sage, tu pourrais reconnaître ce rire comme étant le tien, mais tu pourrais aussi reconnaître dans ce rire celui de tes ancêtres, car eux aussi riaient. Tiens, peux-tu prendre quelques secondes pour te souvenir du rire de tes parents. Quand les as-tu vus rire pour la dernière fois ? Entends-tu leurs rires résonner dans le cœur de ta mémoire ? Et peux-tu te souvenir du rire de tes grands-parents ? Et de tes arrière-grands-parents. Eux aussi riaient. Ils avaient leur façon particulière à eux de rire.

Je fais l'exercice en même temps que toi. J'espère que nous ressentons la même chose. Moi, cela me donne vraiment du plaisir de me souvenir de ces rires. Bien sûr, pour certaines personnes, j'ai plus de mal à me rappeler. Cela doit être parce que certaines personnes rient moins que d'autres. En revanche, le rire de certains de mes aïeux a laissé en moi des souvenirs mémorables !!! Mon grand-père paternel était un sacré rieur !!! Quand il riait, son visage avait les mêmes traits que celui d'un enfant de 10 ans !

Et si tu es encore plus perspicace, tu pourrais reconnaître dans ton rire, celui de tes ancêtres d'avant ta naissance. Tu penses que tu ne les as pas connus. Mais en fait tu les connais très bien. Ils t'ont tout transmis. Sais-tu qu'ils riaient comme toi ? Lors d'une partie de cartes, après avoir bu du vin, en famille, avec des amis ou des collègues de travail, ils riaient. Ils étaient vêtus différemment, pensaient différemment, avaient une vie différente, mais ils riaient comme toi. Le rire existe depuis que les êtres humains existent.

• • •

Quand est-ce qu'un singe dit miaou ?

Lorsqu'il apprend une nouvelle langue.

• • •

Imagine tes ancêtres rire. D'ailleurs qui étaient-ils ? Des paysans ? Des bourgeois ? Peut-être que tes parents ou tes grands-parents pourraient te parler d'eux. Car tu es relié à eux. Ils t'ont transmis leurs gènes. Ils t'ont transmis leurs traditions.

En apprenant à rire, tes ancêtres t'ont appris à rire. Imagine tes ancêtres du Moyen Âge en train de rire… Et ceux du temps des Gaulois… Et ceux du temps de la Préhistoire… Eux aussi, ils riaient assis au coin du feu, au pied de leur grotte sous la voûte du ciel empli d'étoiles…

Et si tu es encore plus clairvoyant et que tu oses remonter le fil du temps, tu pourrais reconnaître que dans ce rire, il y a certes d'*Homo sapiens*, mais il y a aussi du singe. Le singe est ton plus lointain ancêtre connu. En toi, il y a un singe qui rit ! La prochaine fois que tu ris, après avoir pris le maximum de plaisir, prends quelques secondes pour te rappeler que quand tu as ri, ce n'est pas seulement toi qui as ri. Tous tes ancêtres qui vivent en toi jusqu'au singe qui existait avant *Homo sapiens* rient quand tu ris.

Une épidémie de rire…

On raconte que le 30 janvier 1962 il y eut une épidémie de rire. Tout commença dans un pensionnat de jeunes filles, situé dans le village de Kashasha, en Tanzanie. Trois jeunes filles furent d'abord prises d'un fou rire et ce fou ire se propagea chez les autres élèves de l'école, jusqu'à toucher 95 des 159 élèves. Ce fou rire dura de quelques heures jusqu'à plus de 15 jours selon les élèves. Les professeurs furent épargnés par cette épidémie de rire, mais tous témoignèrent de l'impossibilité à enseigner dans de bonnes conditions, au point que l'école fut contrainte de fermer le 18 mars 1962.

Les élèves retournèrent chez eux, mais l'épidémie de fou rire continua de se propager dans les villages voisins. En avril et en mai 1962, 217 personnes eurent des crises de fou rire intenses dans plusieurs villages aux alentours. La plupart d'entre elles étaient des enfants se rendant à l'école ou bien de jeunes adultes. Plusieurs écoles furent fermées pendant plusieurs semaines suite à ces épidémies de rires, car elles rendaient impossibles toute étude sérieuse. Ces épidémies finirent par s'éteindre à l'été 1962. Personne ne put jamais expliquer ce qui s'était passé en Tanzanie cette année-là…

TON DÉFI

Raconte une blague

Voici une série de blagues. Choisis-en une et raconte-la à une personne de ton entourage (parent, enfant, ami, collègue, etc.). En retour, demande-lui s'il connaît une blague qu'il pourrait te raconter. C'est le moment de se payer une bonne tranche de rire ! Si tu vis seul, tu peux écrire un petit mot à une connaissance (parent, enfant, ami, collègue, etc.) et y inclure cette petite blague. L'humour n'a pas de frontière et le rire se propage autant par l'écrit que par l'oral !

1. Toto et les maths :
– Toto, si je te donne 100 gâteaux et que tu en manges 99 tu as donc ?
– Mal à l'estomac.

2. Deux steaks hachés :
Deux steaks hachés se promènent dans une forêt quand l'un d'entre eux disparaît subitement. À ton avis, où se trouve-t-il ?
Il s'est caché [prononcer il s'tai caché (steak haché)]

3. Vroum-vroum :
Que disent une voiture et une moto quand elles se croisent ?
– Ça roule !

4. L'escargot et la limace :
Que dit un escargot quand il croise une limace ?
– Oh un naturiste !

5. Un papier tombé à l'eau :
C'est l'histoire d'un papier qui tombe à l'eau.
Il crie : « au secours ! J'ai pas pied ! »

6. Deux grains de sable sur une plage :
C'est l'histoire de deux grains de sable qui arrivent à la plage :
– Mince, c'est blindé aujourd'hui...

7. Les vaches aux yeux fermés :
Pourquoi les vaches ferment-elles les yeux pendant la traite de lait ?
Pour faire du lait concentré.

TON DÉFI

8. La chaise pliée :
Tu connais l'histoire de la chaise ?
– Elle est pliante !

9. Un œuf fâché :
Un œuf appelle un autre œuf au téléphone :
– Oui allo ? Si dans cinq minutes t'es pas là, j'me casse !

10. Une armoire à glace :
Vous connaissez l'histoire de l'armoire ?
– Elle n'est pas commode...

11. Mars attaque :
Pourquoi les Martiens ne renversent-ils jamais de café sur la table ?
Parce qu'ils ont des soucoupes !

12. Les fous qui jouent au poker :
Dans un hôpital, deux fous jouent aux cartes. Soudain, une infirmière arrive avec une seringue. L'un des deux fous s'écrie :
– Tiens, voilà la dame de pique !

13. La maladie d'amour :
Quand je te trouverai, je te posséderai.
Ce jour, au plus tard le suivant, je te porterai au lit.
Sans demander ta permission, je m'approcherai, je toucherai tout ton corps.
Je te laisserai avec une énorme sensation de fatigue.
Tu sentiras lentement des frissons parcourir ton corps et je te ferai transpirer.
Je te laisserai sans respiration, sans air, sans pouvoir reprendre tes esprits.
Tant que je resterai avec toi, tu ne te sentiras pas capable de sortir du lit !
Je partirai sans dire adieu avec la conviction qu'un jour je reviendrai...

Signé... la grippe...

Tu peux trouver plein d'autres blagues sur Internet, dans des livres ou demander à tes connaissances de t'en raconter.

BRAVO POUR CE NOUVEAU DÉFI !

Tu es la somme de tes premières fois

. . .

*« Le sens de l'émerveillement est un gage de bonheur car la vie,
pour peu qu'on sache lui forcer la main, ne refuse jamais à l'homme
les occasions de s'émerveiller. »*

GINETTE QUIRION

. . .

Je voudrais t'emmener en voyage. Je voudrais partir visiter avec toi des moments particuliers de ton histoire. Si ta mémoire était un livre, ces moments en seraient le marque-page. Je voudrais que tu me donnes la main et qu'on parte ensemble, de plus en plus vite pour explorer ces souvenirs. Je voudrais que tu lâches prise, que tu laisses exploser en toi les couleurs et les bruits, les goûts et les parfums, les sensations sur ta peau et les frissons qui te parcourent de la pointe des pieds jusqu'au sommet du crâne...

. . .

Rappelle-toi :

- La première fois où tu as fait du vélo,
- La première fois où tu as mangé du chocolat,
- La première fois où tu as grimpé sur un arbre,
- La première fois où tu as fait une galipette,
- La première fois où tu as vu ton premier film au cinéma,
- La première fois où tu as mangé une glace,
- La première fois où tu as pris ton premier bain dans l'océan,

- La première fois où tu as fait voler un cerf-volant,
- La première fois…

. . .

Chacun de ces moments était simplement incroyable ! C'était un truc nouveau ! Un truc fort ! Tu découvrais l'un des pouvoirs extraordinaires de ton corps ! Tu avais peur, mais l'émerveillement, la surprise et l'excitation surpassaient très largement cette émotion négative en intensité. Tu savais, à ce moment-là, que ta vie ne serait plus jamais la même. Tu avais découvert un nouvel espace de liberté, un nouveau jeu, une nouvelle aventure… Tu avais grandi. C'était le premier jour du reste de ta vie !

Ces moments sont précieux ! Ils sont uniques et tu penses ne pouvoir les vivre qu'une seule fois. Or il n'en est rien. Car une fois que tu les as vécus, tu les possèdes totalement, gravés dans les replis de ta mémoire. Ce sont des trésors qui sommeillent cachés. Tu as juste à t'arrêter dans ta course folle pour fermer les yeux et te rappeler… En quelques secondes à peine, tu retrouves le chemin. Tu te rappelles là où tu les as cachés. Tu les déterres, tu ouvres le coffre avec la clef et ils se mettent à briller comme de l'or.

. . .

Rappelle-toi :

- La première fois où l'amour a envahi ton cœur,
- La première fois où tu as tenu la main de ce garçon ou de cette fille,
- La première fois où tu l'as embrassé avec la langue,
- La première fois où tu t'es masturbé,
- La première fois où tu as fumé une cigarette,
- La première fois où tu as ressenti l'ivresse,
- La première fois où tu as eu un orgasme et atteint le septième ciel…

. . .

Ces moments ont transformé ton être. Ce n'était pas seulement la découverte d'une sensation. C'était l'entrée dans un monde nouveau où tu avais ta place. Tu faisais partie d'un petit groupe de privilégiés. Tu étais un VIP* de la *Vie*. Je voudrais que tu y penses la prochaine fois que tu verras tes proches ou quand tu croiseras des inconnus dans la rue. En les voyant, pense qu'eux aussi ont connu tes premières fois. Les êtres humains qui vivent sur cette terre sont des frères de premières fois.

. . .

Rappelle-toi :

- La première fois où tu as passé un examen,
- La première fois où tu as conduit une voiture,
- La première fois où tu as traversé le ciel à 1 000 km/h en montant dans un avion,
- La première fois où tu as eu un logement rien qu'à toi,
- La première fois où tu as rencontré ta meilleure amie ou ton meilleur ami,
- La première fois où tu as manifesté pour une cause qui te semblait juste,
- La première fois où tu as fait tes bagages pour partir à l'autre bout du monde...

Continue. Rappelle-toi encore :

- La première fois que tu as tenu un enfant dans tes bras,
- La première fois où tu as dit « OUI » à une personne que tu aimes,
- La première fois où tu as démissionné,
- La première fois où tu as pardonné ses fautes à quelqu'un qui t'avait causé du tort,
- La première fois où tu as réussi à te pardonner à toi-même,
- La première fois où tu as ressenti le bonheur,
- La première fois où tu as croisé la mort...

. . .

---

* *Very Important Person.*

Rappelle-toi toutes tes premières fois. Les voilà qui s'enchaînent à un rythme endiablé. Et tu vis, en te rappelant tous ces moments, une renaissance. C'est comme si tu avais invité Michel-Ange à refaire toute la déco dans ton cerveau ! Tout était recouvert d'un vieux papier peint décrépi et voilà que le maître dessine en toi avec deux pinceaux, l'un de lumière et l'autre de couleur, une fresque incroyable… ça t'excite, ça te donne envie d'avoir envie de vivre plein de nouvelles choses… Et c'est parti !

Tu étais comme un vieil arbre et te voilà un gland qui goûte pour la première fois la saveur de la terre… Te voilà un arbrisseau qui se frotte pour la première fois à la violence d'une tempête… Te voilà jeune et vaillant ! Oh, même l'enfant te jalouse cette jeunesse intérieure… Tout est si brillant en toi ! Tout est si neuf ! Quel enthousiasme ! Quel allant ! Te voir ainsi me remplit de joyeuses impressions ! Je suis heureux, car nous avons réussi ensemble cet exploit de renverser le lourd sablier du temps…

• • •

– Maman ! … Je voudrais qu'on en meure.
Fit-elle à pleine voix.
– C'est que c'est la première fois,
Madame, et la meilleure.

Mais elle, d'un coude ingénu
Remontant sa bretelle,
– Non, ce fut en rêve, dit-elle.
Ah ! que vous étiez nu…

PAUL-JEAN TOULET, *LA PREMIÈRE FOIS*

TON DÉFI

Retrouve la fraîcheur de tes premières fois

Note ici les expériences qui t'ont le plus marqué au cours de ta vie.
Quelles sont les premières fois qui t'ont le plus impressionné ?

1. La première fois où j'ai...
....

2. La première fois où j'ai...
....

3. La première fois où j'ai...
....

4. La première fois où j'ai...
....

5. La première fois où j'ai...
....

Que ressens-tu à te souvenir ainsi de ces premières fois ? ....
....
....

Cela te donne-t-il envie de vivre de nouvelles premières fois ? ....
....
....

Si oui, qu'est-ce que tu aimerais vivre pour la première fois ? ....
....
....

Tu viens de retrouver la fraîcheur de tes premières fois.

BRAVO POUR CE NOUVEAU DÉFI !

Quels sont tes évènements fondateurs ?

• • •

« La pierre la plus solide d'un édifice est la plus basse de la fondation. »

KHALIL GIBRAN

• • •

Rome

Selon le mythe, le roi Procas avait deux fils : Numitor et Amulius. À la mort de leur père, l'héritage fut partagé à parts égales : Numitor, l'aîné de la fratrie, reçut le trône, tandis qu'Amulius, le cadet, reçut le trésor royal. Déçu par le partage, Amulius détrôna son frère et tua son fils. Afin d'éteindre définitivement sa lignée, il fit de sa nièce une vestale, condamnée à demeurer vierge. Mais Mars, le dieu de la guerre, tomba fou amoureux d'elle. Quelques mois après, elle donna naissance à des jumeaux : Rémus et Romulus.

Pour s'assurer qu'elle n'ait jamais plus d'enfants, Amulius fit alors emmurer la vestale et condamna les nourrissons à être jetés dans le fleuve. Les enfants furent abandonnés sur les rives du Tibre en crue. Ils furent alors recueillis par une louve qui les allaita et prit soin d'eux dans une grotte au pied du mont Palatin. Par la suite, un couple de bergers, témoins du prodige, recueillit les jumeaux et les éleva jusqu'à ce qu'ils deviennent des hommes. Devenus adultes, Rémus et Romulus décidèrent de fonder une ville.

N'arrivant pas à départager qui des deux donnerait son nom à la nouvelle ville, ils s'en remirent aux dieux qui se manifestaient à travers les oiseaux volant dans le ciel (les augures*). Romulus se plaça sur le mont Palatin, là où ils avaient été découverts et élevés par la louve, Rémus sur l'Aventin. Ce dernier fut le premier à voir six vautours voler dans le ciel. Mais Romulus vit douze vautours. Rémus avait donc pour lui la primauté, alors que Romulus avait le nombre le plus important. Ce fut Romulus qui fut désigné.

Alors qu'il traçait le sillon sacré délimitant la ville, soulevant l'araire pour ménager des portes, son frère Rémus, pour se moquer de la faiblesse de la ville nouvelle, franchit d'un pas ce rempart symbolique. Aussitôt Romulus le tua en songeant à l'adage Insociabile regnum « Le pouvoir ne se partage pas». C'est ainsi que naquit Rome, la ville à l'origine d'un empire s'étendant ensuite sur toute l'Europe. Rome, fille de Mars, née dans le sang et la trahison, portait déjà en elle une ambition irrésistible et une cruauté implacable.

• • •

Les grandes cités ont toutes pour origine un évènement fondateur qui raconte comment elles ont été créées. Cet évènement fondateur est non seulement un repère pour leurs habitants, mais il marque à jamais leurs valeurs et leur personnalité. Rome naît d'une trahison, mais demeure sous la protection de Mars, le dieu de la guerre. Rome naît du meurtre d'un frère, car elle veut régner sur le monde sans partage. Les évènements fondateurs ne sont pas choisis au hasard. Ils donnent sens aux actions des êtres humains.

Sais-tu que les évènements fondateurs ne sont pas réservés aux grandes cités ? Chaque être humain a aussi ses évènements fondateurs. Les évènements fondateurs sont à l'origine de la façon de penser, d'agir et de ressentir des êtres humains. Ils constituent les fondations de leur âme. Chaque être humain possède une histoire secrète qui renferme des évènements fondateurs

_____

* D'où l'expression, *oiseaux de mauvais augure.*

susceptibles d'éclairer le sens de ses pensées, de ses actions et de ses émotions. Les évènements fondateurs sont la clef pour les comprendre.

Comment reconnaître un évènement fondateur ? D'abord, un évènement fondateur se caractérise par son intensité. Quand il se produit, la personne ressent des émotions fortes. Elle est littéralement bouleversée. Ensuite, un évènement fondateur marque une rupture dans la vie de la personne. Après, la vie n'est plus tout à fait pareille. Une décision a été prise, un parti pris, un changement profond s'est opéré dans la manière de percevoir le monde et donc d'agir et/ou d'interagir avec les autres êtres humains.

Ce changement peut être brutal ou au contraire progressif. Certains changements sont imperceptibles à première vue, mais ils sont si profonds qu'ils transforment à jamais la vie de la personne. Le phénomène est comparable à un bateau qui infléchit légèrement son cap. Plusieurs milliers de kilomètres plus tard, il n'arrivera pas dans le même port. Voici la manière dont on peut résumer le principe éminemment complexe des évènements fondateurs : *un évènement qui déclenche un changement de cap personnel.*

• • •

« L'expérience, ce n'est pas ce qui nous arrive,
mais ce que nous faisons de ce qui nous arrive. »

ALDOUS HUXLEY

• • •

Un évènement fondateur peut être de nature négative comme un grave accident, un décès ou un terrible procès, ou positive comme un succès professionnel, une rencontre amoureuse, la lecture bouleversante d'un livre, etc. Il peut s'agir plus d'une période que d'un évènement particulier d'ailleurs. Le fait qu'un évènement devienne fondateur relève aussi et parfois du mystère. Une parole en apparence anodine peut totalement transformer la vision du monde d'une personne sans que l'on sache vraiment pourquoi.

Bien sûr, face à certains évènements tragiques, les personnes peuvent littéralement s'écrouler. Certains évènements ne fondent rien. Ils peuvent juste nous anéantir. Mais quand nous sommes anéantis, cela veut aussi dire aussi que nous pouvons choisir ce que nous allons rebâtir là où il n'y a plus rien. La forêt brûlée par le feu repousse avec de nouvelles essences plus résistantes et plus vivaces. Les êtres humains se caractérisent par la résilience, cette capacité à tirer leur force des épreuves les plus difficiles.

• • •

On a vu souvent
Rejaillir le feu
D'un ancien volcan
Qu'on croyait trop vieux
Il est, paraît-il
Des terres brûlées
Donnant plus de blé
Qu'un meilleur avril

JACQUES BREL, *NE ME QUITTE PAS*

• • •

La chance des êtres humains, c'est qu'ils écrivent eux-mêmes leurs évènements fondateurs. Ils sont les auteurs de leur histoire. Chaque jour, ils ont le pouvoir de donner un sens nouveau à leur vie et ainsi de donner un sens nouveau à ce qu'ils font. Ils peuvent à volonté devenir de nouvelles personnes et transformer les épreuves, les drames et les tragédies en une nouvelle source de sens. On peut parler ici de transcendance. Les êtres humains peuvent transformer une expérience douloureuse en une juste cause.

- Une personne qui a connu de grandes difficultés dans sa vie professionnelle dont une très longue période de chômage décide qu'à partir de ce jour elle consacrera sa vie à aider les personnes à la recherche d'un emploi ;

- Une autre personne maltraitée par son conjoint pendant plusieurs années décide qu'à partir de ce jour, elle consacrera une grande partie de sa vie à lutter contre les violences conjugales ;
- Une autre personne victime d'un grave accident redécouvre au passage la magie de l'instant présent et des choses simples et s'emploie à partager son expérience pour éveiller les consciences ;
- Une jeune personne, en échec scolaire, décide qu'elle réussira malgré les critiques et les brimades de ses parents et de ses professeurs, mais d'une façon différente, en fondant une grande entreprise ;
- Une vieille personne à la pensée matérialiste et rationnelle, terrorisée par l'idée de la mort, s'ouvre soudain à la spiritualité pour trouver un apaisement et donner un nouveau sens à son existence.

L'altruisme est la source de cette transcendance par le sens.

• • •

Connecter les points

La vie est semblable à ces jeux pour enfants qui consistent à relier des points en suivant la numérotation. Au départ, on ne voit qu'une série de points qui ne représentent rien. Et puis, en traçant les traits entre les différents points, soudain une forme apparaît. La forme d'un visage, un personnage en train de réaliser une action, un paysage...

Donner du sens, c'est relier les points de son existence pour raconter une histoire. Et cette histoire répond à la question : Pourquoi ? Pourquoi ai-je vécu cela ? Et en quoi cela donne-t-il du sens à ce que je fais aujourd'hui ? En quoi ce que j'ai vécu dans le passé explique ce que je fais dans le présent ? Et en quoi tout ceci est-il positif au final ?

• • •

Remonte le fil de ta mémoire et retrouve les évènements fondateurs de ta vie. Identifie ces grands évènements qui donnent du sens à ce que tu fais aujourd'hui ! Regarde les traumatismes et les épreuves sous un nouveau jour. Demande-toi comment ces évènements peuvent t'aider à donner un sens nouveau à tes actions, comment ils peuvent te donner une nouvelle impulsion, comment ils peuvent t'alimenter de leur force et de leur énergie pour servir ta communauté et venir en aide aux autres.

TON DÉFI

Connecte les points

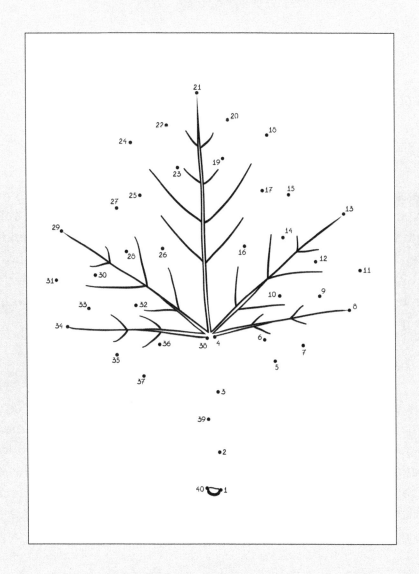

Fais revenir l'amour dans le monde

• • •

« Le désir de l'amour engendre l'amour. »

TAHAR BEN JELLOUN

• • •

Tu vis dans un monde qui occulte l'amour. Nous sommes rares à oser encore en parler. Nous sommes rares à encore oser l'éprouver. L'amour est devenu désuet. Il est synonyme de faiblesse. Même les très jeunes personnes ont tendance à le vulgariser. Peut-être un moyen d'exorciser le chagrin que peuvent procurer les passions ? On regarde des films pornographiques et on s'offusque devant un geste de tendresse. La poésie, le romantisme et les chansons d'amour ne sont plus à la mode. L'amour est devenu tabou.

Nous le chassons autant de nos cœurs que des conversations.

Ce faisant on oublie que le désir n'est pas dans le corps, mais dans l'âme, que la passion naît de l'attente et de l'espérance et qu'elle est avant tout *imagination*. Si l'amour a déserté le monde, c'est que l'imagination a déserté le monde… Et l'imagination, c'est la magie qui sublime le réel. La magie, c'est le plus beau des mensonges, celui qui fait des êtres pitoyables que nous sommes des diamants aussi brillants que des soleils. On ne peut pas vivre sans amour parce qu'on ne peut pas vivre sans la beauté.

Je crois que tu devrais faire revenir l'amour dans le monde. Car le sexe sans amour, c'est chiant à mourir ! Et mourir sans avoir aimé, c'est comme vivre sans désirer !!! Tu devrais écouter une chanson d'amour. Tu devrais lire un poème. Tu devrais ressortir de tes tiroirs de vieilles lettres d'amour écrites à la main encore humides des larmes de la séparation. Tu devrais plonger dans ta mémoire pour y chercher des souvenirs d'amour. Rassemble les fragments et reconstitue la carte qui mène ton âme à sa source.

• • •

La cristallisation

On se plaît à orner de mille perfections une femme de l'amour de laquelle on est sûr ; on se détaille tout son bonheur avec une complaisance infinie. Cela se réduit à exagérer une propriété superbe, qui vient de nous tomber du ciel, que l'on ne connaît pas, et de la possession de laquelle on est assuré. Laissez travailler la tête d'un amant pendant vingt-quatre heures et voici ce que vous trouverez :

Aux mines de sel de Salzbourg, on jette dans les profondeurs abandonnées de la mine un rameau d'arbre effeuillé par l'hiver : deux ou trois mois après, on le retire couvert de cristallisations brillantes. Les plus petites branches, celles qui ne sont pas plus grandes que la patte d'une mésange, sont garnies d'une infinité de diamants mobiles et éblouissants. On ne peut plus reconnaître le rameau primitif.

Ce que j'appelle cristallisation, c'est l'opération de l'esprit qui tire de tout ce qui se présente, la découverte que l'objet aimé a de nouvelles perfections. En un mot, il suffit de penser à une perfection pour la voir dans ce que l'on aime. Ce phénomène, que je me permets d'appeler la "cristallisation", vient de la nature qui nous commande d'avoir du plaisir et qui nous envoie le sang au cerveau, du sentiment que les plaisirs augmentent avec les perfections de l'objet aimé, et de l'idée qu'elle est à moi.

Stendhal, *De l'amour*

. . .

Dans ton cœur, il y a une histoire d'une intensité supérieure à toutes les autres, un truc cousu solidement. Souviens-toi de ses yeux... de l'éclat de son sourire... de son parfum qui faisait voler au creux de ton ventre des myriades de papillons... Tu peux la sentir à nouveau cette ivresse. Tu peux ressentir encore une fois ce désir de caresses sur ta peau aussi chaude qu'un charbon ardent. C'est devenu une véritable obsession. Son image te hante à chaque seconde. Un ange passe. Voilà, c'est décidé, tu l'aimes !

Oh oui, tu l'aimes ! Et chaque seconde qui passe où il/elle n'est pas là est un tourment. Cette douleur de l'absence, et de la distance, te donne envie d'écrire des chansons, des poèmes et même des lettres... Oui, des lettres, pas des textos ou des photos qu'on poste en deux secondes sur Facebook ou Instagram, non une lettre qu'on chiffonne dix fois avant de trouver les mots justes, qui met trois semaines à arriver et dont on attend la réponse pendant des jours et des jours... Pendant tout ce temps-là, on aime !

C'est vrai que l'amour se nourrit de la tragédie, de l'absence et de de la distance, deux choses qui ont quasiment disparu. Les amours les plus fortes naissent pendant les guerres, à cause des épidémies ou des tremblements de terre. Elles naissent de ce qu'on les empêche de naître, car l'amour est avant tout une révolte... Le monde d'aujourd'hui tellement sûr est une terre tiède peu propice à la croissance de l'amour. Les Edelweiss ne poussent pas dans les plaines à basse altitude, seulement en haute montagne.

Mais tu pourrais faire revenir l'amour si tu le décidais... En rendant ta vie plus aventureuse... En réapprenant à marcher avec une basket, en prenant des risques... L'amour, c'est un peu de fantaisie... Et je sens que cela ferait du bien à ta vie d'y mettre un peu de fantaisie... Mais bon sang, qu'est-ce que c'est bon parfois de rouler à 250 km/h. Oui, on risque de se brûler les ailes ! On risque d'en mourir même ! Mais apprendre à vivre, n'est-ce pas aussi apprendre à accepter l'idée de la mort... avoir la fureur de vivre !

. . .

Tes yeux sont si profonds qu'en me penchant pour boire

J'ai vu tous les soleils y venir se mirer

S'y jeter à mourir tous les désespérés

Tes yeux sont si profonds que j'y perds la mémoire

À l'ombre des oiseaux c'est l'océan troublé

Puis le beau temps soudain se lève et tes yeux changent

L'été taille la nue au tablier des anges

Le ciel n'est jamais bleu comme il l'est sur les blés

Les vents chassent en vain les chagrins de l'azur

Tes yeux plus clairs que lui lorsqu'une larme y luit

Tes yeux rendent jaloux le ciel d'après la pluie

Le verre n'est jamais si bleu qu'à sa brisure [...]

LOUIS ARAGON, *LES YEUX D'ELSA*

• • •

Tu as une chance extraordinaire, celle d'avoir un esprit et une énorme capacité d'imagination... Donc même si tu ne roules jamais à 250 km/h, même si tu ne veux pas prendre de risques inconsidérés, parce que tu aimes ton confort, tu peux imaginer... Et c'est déjà génial... Et donc si tu as peur d'aimer, si tu crains de faire revenir l'amour dans le monde, tu peux seulement imaginer que tu aimes ! Et si tu n'as pas d'imagination, il existe des centaines de livres, de films, de tableaux qui parlent d'amour.

Enivre-toi de ces mots, de ces sons et de ces images. Partage pour quelques jours ou une heure le sentiment puissant de tes héros. Aime à en mourir... Et puis, reviens dans le monde... Dans un coin de ton cœur, il restera, dans un jardin secret, de belles histoires. Et ton sourire et tes yeux auront une lumière que les autres n'ont pas, la lumière de celui qui sait ce qu'est l'amour, qui l'a vécu, vraiment ou par procuration. Tu seras dans ce monde, souvent sombre et mélancolique, une pointe de joie, un vrai rayon de soleil...

● ● ●

Moi je n'étais rien
Et voilà qu'aujourd'hui
Je suis le gardien
Du sommeil de ses nuits
Je l'aime à mourir

Vous pouvez détruire
Tout ce qu'il vous plaira
Elle n'a qu'à ouvrir
L'espace de ses bras
Pour tout reconstruire
Pour tout reconstruire
Je l'aime à mourir

FRANCIS CABREL, *JE L'AIME À MOURIR*

TON DÉFI

Fais revenir l'amour en toi

Commence par te rappeler et écouter cinq chansons d'amour qui t'ont particulièrement marqué au cours de ta vie. Ces chansons peuvent te rappeler un amour vécu, mais pas forcément. Ce qui compte, c'est que ces chansons parlent d'amour :

Ma chanson d'amour préférée 1 : ....
....

Ma chanson d'amour préférée 2 : ....
....

Ma chanson d'amour préférée 3 : ....
....

Ma chanson d'amour préférée 4 : ....
....

Ma chanson d'amour préférée 5 : ....
....

Maintenant que tu as écouté cinq musiques qui inspirent en toi l'amour, tu pourrais choisir de regarder un film qui t'inspire ce sentiment passionné :

Je choisis comme film : ....
....

Enfin, tu pourrais retrouver une partie de ton corps qui est particulièrement associée à ce sentiment. Chez certaines personnes ce sont les mains, pour d'autres, c'est la nuque, pour d'autres, ce sont les lèvres... Nous avons tous une partie de notre corps qui est particulièrement sensible et qui nous inspire l'amour. Quand tu auras retrouvé cette partie, active-la.

La partie de mon corps qui m'inspire l'amour est :
....

BRAVO POUR CE NOUVEAU DÉFI !

Retrouve tes trois pères

· · ·

« Celui qui enseigne tient le même rang qu'un père. »

LAO SHE

· · ·

Ton premier père est ton père biologique. Il est celui qui t'a transmis ses gènes. C'est à ses gènes combinés pour moitié avec ceux de ta mère que tu dois les éléments fondamentaux de ton physique, comme la couleur de tes yeux, la forme de ton visage, ou la morphologie de ton corps. C'est encore à ses gènes, combinés par moitié avec ceux de ta mère, que tu dois ta résistance physique, certains de tes talents, capacités ou potentiels. Ton père t'a transmis un précieux héritage dont tu dois prendre soin.

Ton deuxième père est ton père culturel. Il s'agit de la personne qui t'a éduqué. Elle t'a transmis ses connaissances. Ton père culturel peut être la même personne que ton père biologique, mais pas forcément. Les connaissances qu'elle t'a transmises sont précieuses, car ce sont ces connaissances qui lui ont permis de vivre sa propre vie. Si cette personne n'était pas intelligente et cultivée, elle n'aurait pas vécu suffisamment longtemps pour te transmettre son savoir. Son savoir vaut de l'or. Respecte-la.

Ton troisième père est ton père spirituel. C'est une personne qui t'inspire, qui te donne envie de devenir meilleur. On peut avoir plusieurs pères spirituels au cours de sa vie. Ils ne sont pas forcément plus âgés. Ce ne sont pas systématiquement des personnes proches. Ce ne sont pas obligatoirement des personnes de sexe masculin. Ce sont des personnes qui par leurs actions et leur mode de pensée te donnent envie de devenir meilleur. Elles t'inspirent et te permettent de devenir meilleur toi aussi.

TON DÉFI

Retrouve tes 3 pères

Ton père biologique s'appelle : ....
....

Peux-tu noter ici ce que tu penses que ton père biologique t'a transmis au niveau de ta biologie. Cela peut être des qualités comme de jolis yeux verts ou des défauts comme une fâcheuse tendance à attraper des rhumes...
....
....
....

Ton père culturel s'appelle : ....
....

Peux-tu noter ici ce que tu penses que ton père culturel t'a transmis. Cela peut être des valeurs comme la persévérance, le respect ou la loyauté, mais aussi des connaissances pratiques comme le fait de savoir cuisiner, bricoler ou faire les comptes.
....
....
....

Tes pères spirituels s'appellent : ....
....

Peux-tu noter ici comment tes pères spirituels t'inspirent. Ce qu'ils te donnent envie de faire et comment ils te donnent envie de devenir chaque jour meilleur.
....
....
....
....
....

BRAVO POUR CE NOUVEAU DÉFI !

Retrouve tes trois mères

• • •

« Une mère devient une véritable grand-mère le jour où elle ne remarque
plus les erreurs de ses enfants, étant émerveillée
par ses petits-enfants. »

LOIS WYSE

• • •

Ta première mère est ta mère biologique. Elle est celle qui t'a transmis ses gènes. C'est à ses gènes, combinés pour moitié avec ceux de ton père, que tu dois les éléments fondamentaux de ton physique comme la couleur de ta peau, la ligne de ta silhouette, ou la forme de tes mains. C'est encore à ses gènes, combinés par moitié avec ceux de ton père, que tu dois ta taille ou ta résistance aux maladies. Ta mère t'a transmis en héritage tout ce qu'elle avait de meilleur pour te permettre de vivre, de grandir et d'aimer.

Ta deuxième mère est ta mère de cœur. Elle était une femme bienveillante qui ne remarquait jamais aucune de tes erreurs et aucun de tes défauts. Elle t'aimait simplement, sans conditions, s'émerveillant chaque jour de ta présence. Elle n'avait aucune attente, aucun projet, aucune volonté à ton endroit en dehors du fait que tu sois heureux. Elle te gardait près d'elle comme un trésor. D'être ainsi considéré te remplissait d'estime et de confiance en soi. Ta mère de cœur a nourri ton corps et ton esprit d'amour.

Ta troisième mère est ta mère d'amour. C'est elle qui t'a enseigné à éprouver de l'empathie et de la compassion. Elle a élevé ton cœur au niveau de l'amour universel. Elle t'a appris à donner quelque chose d'unique aux autres en t'apprenant à les aimer quoi qu'ils fassent. Cet amour est ce qui permet de rendre meilleurs tous les êtres humains que tu côtoies. Ta mère d'amour n'est pas forcément une personne proche. Ce n'est pas forcément une femme et elle n'est pas forcément plus âgée. Il peut y en avoir plusieurs aussi.

• • •

Les deux pommes rouges

Une mère tenait deux pommes rouges dans ses mains. Sa fille s'approcha d'elle en souriant et lui demanda :

– Maman, peux-tu me donner une de ces deux pommes rouges, elles ont l'air délicieuses ?

La mère jeta un regard à sa fille, puis croqua les deux pommes à pleines dents.
Le sourire de la jeune fille s'effaça. La déception s'empara de son cœur et elle essaya de toutes ses forces de le cacher à sa maman.

La mère tendit alors l'une des deux pommes à sa fille en lui disant :

– Tiens ma chérie ! Celle-ci est la plus sucrée des deux !

TON DÉFI

Retrouve tes trois mères

Ta mère biologique s'appelle : ....
....

Peux-tu noter ici ce que tu penses que ta mère biologique t'a transmis génétiquement. Cela peut être des qualités comme une grande résistance physique ou des défauts comme une tendance à se mettre à colère...
....
....

Ta mère de cœur s'appelle : ....
....

Peux-tu noter ici ce que tu penses que ta mère de cœur t'a donné en t'aimant d'une façon aussi simple et sincère. Cela peut être la confiance en soi, l'estime de soi ou encore la sérénité et la douceur... À toi de trouver...
....
....
....
....

Ta mère d'amour s'appelle : ....
....

Peux-tu noter ici comment ta mère d'amour t'a montré le chemin de l'amour inconditionnel.
....
....
....
....
....

BRAVO POUR CE NOUVEAU DÉFI !

Tu as toujours fait de ton mieux

. . .

« C'est ça la vie : faire de son mieux en toutes circonstances pour continuer vers ce qu'on est de toute éternité… »

LOUIS PELLETIER-DLAMINI

. . .

Ton histoire est riche et incroyable ! Au cours de cette histoire, tu as vécu mille aventures et relevé des milliers de défis. Tu as surmonté des dizaines d'épreuves difficiles. Tu as essayé des millions de choses. Tu as réussi parfois et échoué aussi. Tu en as vu de toutes les couleurs et tu en as fait voir de toutes les couleurs aux autres ! Et ces couleurs illuminent les souvenirs de ta vie passée et de ceux de toutes les personnes qui ont eu la chance de te connaître !!! Tu as bien vécu. Tu peux être fier de ce que tu as accompli.

Le plus incroyable, c'est qu'à chaque seconde de ta vie, tu as toujours cherché à faire de ton mieux. Tes parents attendaient de toi certains comportements. Puis ce fut au tour de l'école, de ton employeur, de tes amis, de ton conjoint, etc. Beaucoup de personnes autour de toi avaient besoin de toi et tu as toujours essayé de faire de ton mieux pour les satisfaire. Bien sûr, tu n'as pas toujours réussi à être à la hauteur de leurs attentes. Parfois, leurs attentes étaient trop hautes. Tu as toujours fait ton maximum.

. . .

- Tu ne peux pas te sentir coupable quand tu as cherché à faire de ton mieux !
- Tu ne peux pas avoir de regrets quand tu as cherché à faire de ton mieux !

- Tu ne peux pas être sujet à reproches quand tu as cherché à faire de ton mieux !
- Quand tu as cherché à faire de ton mieux, tu te sens droit et fier !

• • •

« Quelles que soient les circonstances,
faites simplement de votre mieux et vous éviterez de vous juger,
de vous culpabiliser et d'avoir des regrets. »

MIGUEL RUIZ, *LES QUATRE ACCORDS TOLTÈQUES*

• • •

Regarde les arbres. Peu ont une ligne parfaite ! Leur tronc est souvent couvert d'excroissances et leurs branches biscornues, etc. Cela les empêche-t-il de donner de beaux fruits ou d'étendre leur ombre bienfaisante pour protéger les promeneurs du soleil. Comme les êtres humains, les arbres essaient de faire de leur mieux. Ils grandissent vers la lumière, mais le chemin le plus court n'est pas toujours celui qu'ils choisissent. Personne n'est parfait et c'est l'imperfection qui fait le charme de la forêt.

• • •

« Perfection et imperfection. Si les deux peuvent être beauté,
seule l'imperfection peut faire le charme. »

ANGÉLIQUE PLANCHETTE

• • •

Il existe une ligne intérieure invisible qui donne une grande force aux êtres humains. Cette ligne intérieure, c'est leur volonté de faire de leur mieux. Les êtres humains ne possèdent pas seulement une colonne vertébrale faite de muscles et d'os, ils sont aussi tenus par de solides convictions et une volonté farouche de faire le bien. La plupart des êtres humains cherchent à être utiles aux autres. Et ils consacrent beaucoup de leur temps à contribuer au bien commun. Les êtres humains sont par nature altruistes.

Ressens en toi cette ligne intérieure. Elle part de la pointe de ton talon, remonte le long de tes mollets, passe derrière tes genoux et tes cuisses, suit la ligne de tes fesses et de tes reins pour remonter en suivant la courbure de ton dos jusqu'à ta nuque... pour se terminer au sommet de ton crâne à l'endroit qu'on appelle la fontanelle. Cette ligne invisible et pourtant si forte, c'est ton éthique personnelle. C'est elle qui te fait tenir droit, même quand les critiques pleuvent ou que l'on n'est pas content de toi.

TON DÉFI

Ne satisfais pas le besoin de l'autre

Répète en toi ce texte en l'associant à des évènements vécus :

Je donne le maximum, je fais de mon mieux !
J'essaie de comprendre ce que les autres attendent de moi.
Je cherche à mieux connaître leurs besoins.
Et quand cela est possible et que c'est mon souhait, je cherche à les satisfaire du mieux possible.
S'ils sont satisfaits, alors je suis heureux de pouvoir contribuer à leur bonheur.
Et s'ils ne sont pas satisfais.
Je sais aussi que le problème ne vient pas de moi.

Ce sont leurs attentes qui sont trop hautes.
Ils veulent que je réponde à un besoin auquel je ne peux pas répondre.
Et ils m'en veulent de ne pas y arriver.
Mais ils doivent savoir que ce sont eux qui se trompent.
Le problème, ce n'est pas moi.
Le problème, c'est de m'avoir choisi pour répondre à des attentes auxquelles je ne peux pas répondre.
Ils devraient simplement s'adresser à une autre personne, car je ne suis pas la bonne personne.
Je ne suis pas en capacité, même en faisant de mon mieux, de répondre à leur besoin.
Et j'accepte cela.
J'accepte de ne pas être cette personne.

Il leur revient de trouver une autre personne pour satisfaire leur besoin.
C'est à eux qu'il revient de bien savoir ce qu'ils veulent.
Aussitôt, j'ai de la compassion pour eux, car je prends conscience de leur souffrance.
Et j'ai de la compassion pour moi-même de me trouver dans une telle situation.
Et cette compassion me donne la force de leur dire qu'ils se sont trompés et que je ne suis pas la bonne personne.
Et cette compassion me donne la force de leur dire « Non », tu n'as pas le droit de me maltraiter ou de te montrer désagréable envers moi, si je ne parviens pas à répondre à tes attentes.

TON DÉFI

Car je fais toujours de mon mieux.
Car je donne toujours mon maximum.
Mais je sais aussi que je ne suis pas un être parfait.
Je suis seulement un être humain.
Et alors j'ai de la compassion pour nous deux, car nous nous trouvons dans un quiproquo qui génère du mal-être et que nous devons résoudre.

Lui, il doit trouver une autre personne pour satisfaire son besoin. Et moi, je dois trouver une autre personne à qui mon mieux conviendra.
Car je fais toujours de mon mieux.
À moins qu'il ne soit capable de me demander moins, sans pour autant remettre en question ma valeur.
À moins qu'il ne soit capable de comprendre que si je peux contribuer à son bonheur, je ne peux en être l'unique source.
Qu'il prenne conscience que le monde est plein de ressources et qu'il peut trouver une réponse ailleurs.
Et ainsi préserver ma valeur.
Car j'ai de la valeur. Je suis fier de ce que je fais, de qui je suis et de ce que j'ai déjà accompli.
Je suis fier, car je viens aussi d'une grande lignée qui depuis des siècles et des siècles a toujours fait de son mieux.
Et c'est ainsi dans le respect des autres et de moi-même que j'agis au quotidien.

BRAVO POUR CE NOUVEAU DÉFI !

Vis !

• • •

« *Il n'est qu'une réalité : vivre. Mais il est mille façons de vivre.* »

GILBERT CHOQUETTE

• • •

Durant le premier chapitre de ce livre, tu as pris le temps d'explorer les terres dans lesquelles s'enfoncent tes racines. Explorer son passé permet de retrouver son ancrage dans l'existence. Tu es un enfant de la *Vie* née il y a 3,5 milliards d'années. Tu es le fils de la grande lignée d'*Homo sapiens*. Tu es le produit d'une intention, qui fit que tes parents s'unirent et te donnèrent un jour la chance d'exister. Derrière cette intention se cachait l'intention plus grande de la *Vie* de prolonger à travers toi son règne.

Cette chance n'est pas un hasard, au contraire. Cette chance est le résultat d'un combat, d'une conquête, d'un effort de tous ceux qui t'ont précédé. Ta mère a souffert le jour de ton accouchement, mais avant elle des milliers de femmes ont souffert pour donner naissance à des milliers de générations d'enfants, qui grandirent et s'unirent pour donner naissance à un descendant. Tu es le fruit de 7 000 générations, le résultat de l'amour comme de la souffrance, de l'échec comme de la réussite, du plaisir comme de l'épreuve...

Tu es aussi le résultat d'une culture millénaire. Tes pensées, tes paroles, tes émotions, tes désirs, ont été décrits dans *le grand livre de la culture* bien avant ta naissance. Tu parles une langue vieille de plus de mille ans. Nombre de tes gestes sont les mêmes que ceux de lointains aïeux. Ta vision de la vie, tes opinions et tes questionnements, tu les dois à des philosophes de Grèce ou de la lointaine

Asie qui les tenaient eux-mêmes de penseurs qui les avaient précédés. Ce que tu penses puise sa source dans l'Histoire.

La distance et le temps ne te séparent pas de ces gens, bien au contraire. C'est comme s'ils vivaient encore en toi, qu'ils habitaient ton âme et que tu pouvais dialoguer avec eux. Tu es le messager de messages qui ont traversé le passé. On se croit unique et séparé de tout, et puis un jour, on découvre qu'il n'en est rien. Chaque être humain est lié à ceux qui l'ont précédé. Chaque être humain est lié à tous les autres êtres humains. La pensée qui est la nôtre est en fait collective et elle est capable de traverser la mort.

• • •

« Je préfère me débarrasser des faux enchantements
pour pouvoir m'émerveiller des vrais miracles. »

PIERRE BOURDIEU

• • •

À l'égard de tes aïeux, tu éprouves de la gratitude. À l'égard de toi-même, tu éprouves de la fierté, car tu possèdes une grande valeur. Tu ne serais pas là si tu n'avais été choisi par la *Vie* pour naître, grandir et transmettre son message. Rappelle-toi. À ce jour, on n'a retrouvé de traces de vie nulle part ailleurs dans l'univers… Tu es un fruit qui mûrit sur le grand arbre de la *Vie*. Tu es minuscule, mais ton importance est énorme, car c'est de toi que vont naître les graines qui permettront à ce grand arbre de se perpétuer.

Allez, arrêtons de songer au passé. Il est là pour te donner la force et le courage nécessaires pour avancer, mais il ne doit pas pour autant t'interdire, te contraindre ou t'obliger. Tu es libre de ta destinée. Il te revient de tracer maintenant le chemin d'*Homo sapiens*, d'écrire les pages éternelles du *grand livre de la culture* et de poursuivre le dessin de la *Vie*. Devant toi s'ouvre un espace-temps immense qui s'étend jusqu'à l'horizon du voir et du vivre. Le moment est venu pour toi de choisir de vivre ta vie et de transmettre.

Pour cela, tu vas quitter ton passé et revenir dans le moment présent. Car tout se décide ici et maintenant ! Pour revenir dans l'instant présent, je voudrais que tu te concentres sur les sensations qui proviennent de ta respiration. Je voudrais que tu sentes bien l'air qui pénètre par tes narines. Concentre-toi sur les sensations de cette partie particulière de ton corps qui se situe entre ta lèvre supérieure et ton nez. Focalise ton attention sur cette zone unique et ressens l'air qui glisse dessus à chacune de tes inspirations.

Tu pourrais aussi poser ta main sur le siège sur lequel tu es assis et ressentir les sensations qui viennent de tes doigts. Tu pourrais ainsi ressentir la texture de ce siège. Et ressentir, en même temps, l'air qui gonfle et dégonfle tes poumons. Et si tu voulais être encore plus présent, tu pourrais ressentir ton poids sur ce siège. Tu pourrais ressentir comment tu es assis là à ta place. Tu es pleinement présent au monde qui t'entoure, sentant tout ce qui entre et tout ce qui sort de toi, laissant la gravité peser sur tes frêles épaules.

• • •

Une météorite

Il y a quelques semaines, j'ai eu la chance, comme sans doute une dizaine de milliers de privilégiés sur la planète, d'observer une météorite qui a frôlé notre atmosphère. J'étais sortie regarder les étoiles comme je le fais souvent quand le ciel est clair. J'ai aperçu un point lumineux que j'ai d'abord pris pour une étoile filante. Il se déplaçait rapidement et en même temps plus lentement qu'une étoile filante. J'ai voulu appeler mes proches pour qu'ils partagent avec moi cet instant magique, mais je savais le caractère éphémère du phénomène. Alors c'est seule que je saisis ce moment, jusqu'à observer la traînée orange qui apparut dans son sillage lorsque le point lumineux toucha l'atmosphère. Le nombre et l'intensité des émotions que j'ai ressenties à ce moment-là sont inversement proportionnels à la durée de cet instant. Car pendant ces deux secondes, j'ai pu m'émerveiller, douter, craindre, et me rendre compte de l'insignifiance de mon existence face à l'immensité et à la toute-puissance de la nature. J'ai eu le temps de prendre conscience qu'à l'échelle de l'Histoire, ma vie ne durait qu'une seconde et que je devais en savourer chaque instant, comme si c'était le dernier. Cet instant a pour moi valeur d'éternité à l'échelle de ma vie éphémère.

Nathalie V.

TON DÉFI

Accomplis le rituel du feu

Le moment est venu de fermer le grand livre du passé.

Je voudrais pour cela que tu réalises un acte particulier.

Prends un briquet ou des allumettes ainsi qu'une feuille de papier.

Écris sur la feuille le mot "passé".

Et maintenant brûle cette feuille !

Regarde cette feuille brûler et avec elle s'envoler en fumée les cendres et les souvenirs évanouis dans les racines du temps.

BRAVO POUR CE NOUVEAU DÉFI !

Tu es beau Sapiens... Et ta valeur est grande...
Profite de la chance qui est la tienne...

Capture le moment présent

• • •

« Partout où vous allez, vous êtes là. »

JON KABAT-ZINN

• • •

La conscience est une merveille. Elle est comme un oiseau immortel, qui d'un battement d'ailes peut traverser l'espace et le temps. Elle vous plonge dans le passé le plus lointain pour revivre un moment fort de votre vie. L'instant d'après, elle vous donne à voir l'avenir. La conscience a la capacité de voyager dans le passé et le futur. Elle peut imaginer, redessiner, transformer tout ce qui tombe sous sa main, comme un peintre muni d'un pinceau magique. La conscience est une enfant qui fait ce qu'elle veut !

Parmi les êtres vivants, il semble qu'*Homo sapiens* soit la seule espèce douée d'une telle capacité. Un éléphant ne peut pas se souvenir du jour de la naissance de son éléphanteau et en même temps l'imaginer en train de s'envoler avec ses oreilles comme *Jumbo**. Pour l'éléphant qui chemine au pied du Kilimandjaro, le Kilimandjaro est juste une montagne. Cette montagne ne lui inspire ni respect ni rêves. Elle ne lui donne pas le désir d'écrire un chef d'œuvre de la littérature**. C'est juste un élément de décor.

Si *Homo sapiens* a reçu ce don incroyable de la nature, ce don peut parfois devenir une malédiction. Car si la conscience a le pouvoir de créer ou de recréer des évènements joyeux, elle a aussi le pouvoir d'emplir les pensées des hommes

---

* Je fais ici référence au héros de Walt Disney, l'éléphant capable de voler avec ses grandes oreilles.
** Je fais ici référence aux *Neiges du Kilimandjaro*, le roman écrit en 1972 par Ernest Hemingway.

et des femmes de tristesse. Elle a le pouvoir de les replonger en boucle dans un souvenir traumatique, ou de leur faire imaginer les pires scénarios pour leur futur. Ce faisant, elle remplit leur vie d'angoisse et de souffrance. Pire encore, elle paralyse toute action, jugée trop dangereuse.

Si un arbre était capable d'imaginer qu'en grandissant ses branches les plus hautes attireraient la foudre et le vent, il se mettrait sans doute à avoir peur de croître. Un tel arbre serait à coup sûr rabougri et difforme. Sa physionomie serait marquée par l'angoisse. Par bonheur, aucun arbre n'est doué de conscience. Ils grandissent donc sans se poser de questions. Leurs branches s'épanouissent dans le ciel sans peur de la foudre. Si la foudre tombe sur elles, elle tombe sur elles, un point c'est tout !

• • •

« *Le moment présent est la seule fois où nous avons la domination.* »

THÍCH NHẤT HẠNH

• • •

Voilà pourquoi les êtres humains doivent développer la capacité à faire taire leur conscience. Ils doivent pouvoir revenir dans le temps présent. *Rentre dans ta niche sage conscience et arrête d'aboyer furieusement comme le chien qui confond de paisibles passants avec de fieffés voleurs.* La conscience doit se poser et ralentir. En ralentissant, elle peut alors revenir à sa source. Cette source se situe quelque part dans le corps. Car le corps est ce qui produit la conscience. Le corps est la source de la conscience.

Pour se connecter au temps présent, la conscience doit retourner dans le corps. Car le corps est le seul lieu où la conscience se synchronise. C'est ce qu'on appelle *la pleine conscience*. Mais comment faire pour atteindre cet état de pleine conscience, pour être totalement présent à soi-même, pour ne faire qu'un avec chaque seconde qui passe ? Comment faire pour ralentir la machine à penser, qui est comme le hamster enfermé dans sa cage et courant dans sa roue sans jamais s'arrêter jusqu'à l'épuisement ?

« Vous ne pouvez pas contrôler les résultats, seulement vos actions. »

ALLAN LOKOS

Le moment présent est tout autour de toi. Il est dans le monde qui t'entoure. Il est dans le soleil qui brille, dans le vent qui souffle, dans la mer qui scintille, dans les fleurs qui répandent leur odeur délicate, dans le chant du coq. Le moment présent est dans la forme, la couleur et le mouvement des inconnus qui marchent. Il est dans le vrombissement des moteurs, dans l'odeur de croissant qui se mêle à l'air pollué de la ville, dans le goût du thé ou du café que l'on prend le matin avant de se rendre au travail.

Ta conscience vit à l'intérieur de toi ce qui fait qu'elle reste toujours séparée du moment présent, qui est à l'extérieur. Une barrière hermétique sépare ta conscience du moment présent. Heureusement, il existe cinq portes que ta conscience peut emprunter pour pouvoir accéder au moment présent. Ces cinq portes, ce sont tes cinq sens (la vue, l'ouïe, le toucher, l'odorat, le goût). À toi de pousser ta conscience pour lui faire passer l'une de ces cinq portes... Elle va alors pénétrer le temps présent et s'y fixer.

Quand elle est à l'intérieur, ta conscience ne cesse de penser. Elle est préoccupée par tous les problèmes qu'elle a à résoudre : dettes, conflits avec d'autres personnes, ambitions professionnelles ou désirs sexuels empêchés ou frustrés... Parfois, quand la conscience bute sur un problème insoluble, qui tarde à se résoudre, elle peut se mettre à tourner en boucle. La conscience nous envahit alors de pensées. Ces pensées sont inutiles puisque le problème est insoluble. La conscience ne peut pas le résoudre.

S'il n'y a pas de solution, c'est qu'il n'y a pas de problème.

JACQUES ROUXEL.

• • •

Se reconnecter au temps présent peut alors constituer une aide précieuse pour apaiser ta conscience. Pour cela, tu vas faire passer la porte de tes sens à ta conscience en concentrant ton attention sur les sensations qui proviennent de tes yeux, de tes oreilles, de ton nez, de ta bouche ou de ta peau. Tu vas ainsi fixer ta conscience sur ce qui se passe tout autour de toi. Ta conscience va se trouver entièrement occupée à explorer la réalité qui t'entoure. Elle va ainsi cesser d'être évanescente pour devenir réelle.

Tu reviens à un mode d'existence plus primitif. Présent à toi-même, tu es prêt à l'action, comme un animal. En agissant, tu découvres peu à peu la solution au problème qui t'obsède. Tu rassembles des informations nouvelles. Tu rencontres des personnes qui peuvent t'aider. Progressivement, en connexion avec le temps présent, tu passes à l'action. Ton énergie est utilisée à agir, non à réfléchir. Pas à pas, tu avances sur le chemin de la vie et ta situation s'améliore. La sérénité et la confiance s'installent en toi.

Car l'intérêt du moment présent réside là essentiellement. C'est dans le moment présent que les êtres humains peuvent transformer le monde dans lequel ils vivent. Ils peuvent changer leur destin et se construire un avenir meilleur. Le passé leur donne de la force et de l'expérience. Il est un puits sans fond de connaissances et d'enseignements. Le passé dit ce qui doit être changé. Le futur est empli d'espoirs et d'inquiétudes. Dans le moment présent, *Homo sapiens* construit son avenir pour que cet avenir soit heureux.

Une très ancienne chasse ...

Rappelle-toi ce temps très ancien où tu partais à la chasse.

Couché dans les herbes hautes, tu observes le troupeau de gazelles. Au loin, le Kilimandjaro t'observe, recouvert de son chapeau de neige. L'air chargé d'odeurs de toutes sortes, herbes, fleurs, feux, crottes, emplit tes

— 103 —

narines. *Ta respiration est courte. Ton cœur bat vite. Ta peau est chaude, ruisselante de sueur. Le soleil est à son zénith et remplit la savane de sa chaleur étouffante. Sous toi, l'herbe sèche irrite ta peau, mais tu demeures aussi immobile qu'une pierre. Tes muscles sont tendus. Tous tes sens sont en éveil.*

Ton attention est entièrement concentrée sur les moindres signes que pourraient produire les autres chasseurs qui, suivant le plan convenu, ont encerclé discrètement le troupeau. Ils ont repéré une gazelle isolée. C'est un jeune encore trop peu expérimenté et qui ne sait pas encore qu'il ne faut pas s'éloigner du troupeau. Toi aussi tu l'as vu. Sa couleur, sa silhouette... D'ici, tes yeux perçants peuvent presque évaluer sa puissance et sa vitesse. Tu sais que c'est cette gazelle qui sera ta cible. Tu sais que c'est elle que tu vas devoir tuer.

Soudain les autres chasseurs quittent les hautes herbes et se mettent à courir en hurlant et en levant les bras en l'air en direction du troupeau. Tous les animaux se mettent à fuir dans un nuage de poussière âcre. La gazelle qui s'était éloignée est coupée du reste du troupeau. Elle regarde dans toutes les directions avant de bondir sans autre choix dans ta direction. Ton cœur s'accélère. Tu l'entends frapper à coups rapides dans ta poitrine. Dans le creux de ta main, tu serres le manche de ta lance à la pointe hérissée.

La voilà qui approche en bondissant. Elle n'est plus qu'à quelques mètres. Tu peux presque sentir l'odeur de la peur qui suinte de son cuir. Soudain, tu te dresses face à elle et brandis ton arme. Il est trop tard pour qu'elle puisse changer de direction. Elle tente de freiner, mais trop tard, déjà tu enfonces ta lance dans son poitrail. Son cœur explose dans un jet de sang. Elle meurt sur le coup. La lumière est aveuglante. Les autres membres de ta tribu courent vers toi en brandissant leur arme au-dessus de leur tête.

Ce soir, ta tribu te fêtera en mangeant à sa faim.

Regarde les secondes passer

• • •

« Télescope : instrument inventé par les étoiles pour regarder notre œil. »

HERVÉ BAILLY-BASIN

• • •

S'il est un sens que nous utilisons plus que les autres, c'est sans doute la vue. Les yeux nous servent à voir ce qui se passe autour de nous, mais aussi à lire des livres, regarder la télévision ou utiliser des applications sur smartphone. Les yeux sont une porte ouverte sur une autre dimension. Ce que nous voyons nous transporte dans un autre monde très éloigné de la réalité présente. C'est ce qui se passe quand nous lisons un roman et que nous sommes transportés dans l'univers de son héros, très loin de notre réalité.

Je voudrais cette fois, si tu es d'accord, que tes yeux te servent juste à regarder ce qui se passe autour de toi. Je voudrais que tu utilises tes yeux comme on peut utiliser ses mains, juste pour "toucher" les choses réelles qui se trouvent autour de toi. Je voudrais que tu prennes le temps de laisser tes yeux se poser sur les choses pour y être plus attentif que d'habitude. Je voudrais que tu utilises tes yeux juste pour voir ce qui existe et qui est là, sans rien imaginer, de façon à revenir encore plus dans le moment présent.

Commence par regarder autour de toi en te concentrant uniquement sur les formes. Oublie l'usage qu'ont les objets. Ne prête attention qu'à leur forme : carrée, rectangulaire, ronde, cylindrique, sphérique... Des tas d'objets t'entourent dont la forme est chaque fois spécifique et originale. Ce livre que tu tiens dans tes mains en est un bon exemple. Il s'agit juste d'un objet de forme rectangulaire, rien d'autre. Oublie le nom et l'usage qu'ont les choses. Ne te concentre que sur leur forme dessinée par leur ombre.

Ensuite, tu peux te concentrer uniquement sur les couleurs des objets qui t'entourent. À nouveau, ne t'attarde pas à essayer de te rappeler à quoi ils servent et quel est leur nom. Cela n'est pas nécessaire. Il faut s'intéresser juste à leur couleur et uniquement à leur couleur. Regarde ! Il y a du bleu, du rouge, du vert, du violet, du rose, de l'orange et du jaune aussi peut-être... Toutes les couleurs que tu vois sont comme un vernis qui recouvre chaque objet. Et la couleur d'un objet est comme une vibration émise.

• • •

« Nous croyons regarder la nature et c'est la nature qui nous regarde et nous imprègne. »

CHRISTIAN CHARRIÈRE

• • •

Maintenant lève-toi et promène-toi. Va voir les endroits que tu aimes, les gens que tu aimes, les choses que tu aimes et regarde-les avec attention. Prête attention à leurs formes et leurs couleurs. Tu verras qu'ils deviendront très présents. Tu le verras par l'effet que cela te fera. Prends le temps de passer à chaque fois quelques secondes pour regarder chaque objet comme si tu visitais une exposition d'œuvres d'art. Chaque chose a une beauté particulière, qui mérite ton attention entière et totale.

TON DÉFI

Regarde ce qui se passe autour de toi

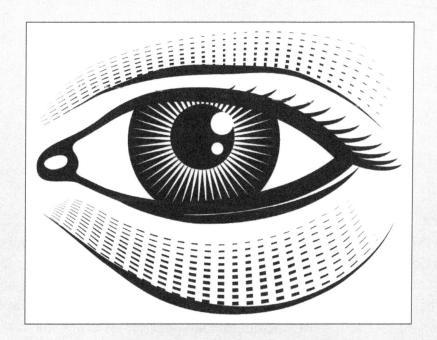

Pose ce livre. Prends ensuite ta montre ou ton smartphone et programme le chronomètre sur 5 min. Maintenant, consacre ces cinq minutes à regarder sans rien faire d'autre.

Que ressens-tu ? ....
....
....

Qu'as-tu vu que tu ne voyais pas habituellement ? ....
....
....

Qu'est-ce que cela t'apporte de prendre le temps d'observer ainsi le monde qui t'entoure ? ...
....
....

BRAVO POUR CE NOUVEAU DÉFI !

Écoute la musique des objets

• • •

« Écoute bûcheron, arrête un peu le bras !
Ce ne sont pas des bois que tu jettes à bas ;
Ne vois-tu pas le sang, lequel dégoûte à force,
Des Nymphes qui vivaient dessous la dure écorce. »

PIERRE DE RONSARD

• • •

Et si pour revenir dans le moment présent, tu prenais le temps d'écouter. Fais une pause dans ta lecture et prends le temps de te concentrer sur ce qui se passe autour de toi. Tes oreilles sont comme des radars que tu orientes à ta guise pour capter les sons les plus divers. Ton attention était focalisée sur les mots qui se découpaient, clairement tracés à l'encre noire, sur la page blanche de ce livre. Maintenant, elle se focalise presque uniquement sur les bruits qui t'entourent. Voilà que tu écoutes la musique du monde.

- Es-tu chez toi ? Dans ce cas, écoute les bruits de ton logement.
- Es-tu à la terrasse d'un café ? Dans ce cas, écoute le bruit de la rue.
- Es-tu dans le métro ? Dans ce cas, écoute le bruit du train.
- Es-tu sur une plage ? Dans ce cas, écoute le bruit des vagues.
- Es-tu dans un jardin ? Dans ce cas, écoute le bruit du vent.

Il y a des bruits proches et d'autres plus lointains. Il y a des bruits graves et d'autres plus aigus. Certains sont continus et d'autres discontinus. Leur variété est presque infinie. Au plus proche, il y a les bruits de ton corps :

- Le crépitement de ta respiration,
- Les bruits de ta gorge au moment de la déglutition,

- Les grognements dans ton estomac,
- Les craquements de tes articulations,
- Les coups réguliers de ton cœur dans ta poitrine.

Ensuite, il y a les sons autour de toi, évidents dans leur cause. Et enfin, les bruits lointains dont l'origine demeure, dans un grand nombre de cas, totalement mystérieuse.

Si tu prends le temps de bien les écouter, les bruits sont des guides capables de te ramener dans le moment présent à la vitesse du galop. Ils sont capables de te rappeler qui tu as été, il y a bien longtemps. Rappelle-toi le chasseur[*] qui sommeille en toi, capable de tendre l'oreille pour capter, à plusieurs centaines de mètres, le bruit d'un fagot de bois sec qui casse sous un sabot ou de reconnaître le grognement d'un prédateur qu'il faut fuir. Les bruits nous ramènent à ce rapport direct et primitif avec la nature.

• • •

« Écouter, c'est écouter l'absence de son. Regarder,
c'est regarder l'absence de forme. »

SAGESSE ZEN

• • •

Le son te ramène à ta nature primitive, c'est-à-dire à l'essentiel. En te concentrant sur les sons, tu vides ton esprit de ses pensées. Tu es là, simplement présent, concentré sur les bruits qui t'entourent, sans même chercher à deviner ce qui se passe. Tu découvres une réalité différente à laquelle tu ne prêtes pas attention habituellement, trop occupé à vaquer à tes occupations et à remplir tes obligations. Cette pause est donc la bienvenue. Écouter, c'est se relier au monde et c'est se relier à soi-même.

---

* Selon l'équipe menée par Randall Haas, anthropologue à l'université de Californie, 30 à 50 % des chasseurs de gros gibiers étaient des femmes. https://advances.sciencemag.org/content/6/45/eabd0310

TON DÉFI

Écoute le monde qui t'entoure

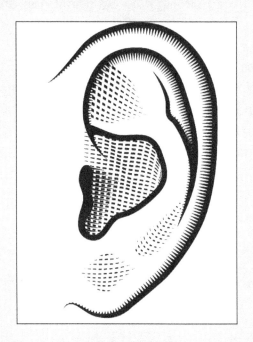

Pose ce livre. Prends ensuite ta montre ou ton smartphone et programme le chronomètre sur 5 min. Maintenant, consacre ces cinq minutes à écouter sans rien faire d'autre. Tu peux bien sûr, si cela peut t'aider, fermer les yeux.

Que ressens-tu ? ....
....
....

Qu'as-tu entendu que tu n'entendais pas habituellement ? ....
....
....

Qu'est-ce que cela t'apporte de prendre le temps d'écouter ainsi le monde qui t'entoure ? ......
....
....

BRAVO POUR CE NOUVEAU DÉFI !

Redécouvre les parfums de l'ordinaire

• • •

« Nos yeux, nos oreilles, notre odorat, notre goût diffèrent,
créent autant de vérités qu'il y a d'hommes sur la terre. »

GUY DE MAUPASSANT

• • •

L'odorat est un sens tout à fait particulier. Dans l'histoire d'*Homo sapiens*, il a joué un rôle fondamental pour assurer la survie de l'espèce. De nombreuses espèces animales utilisent à l'instar des êtres humains leur odorat pour comprendre ce qui se passe dans leur environnement. L'odorat permet de percevoir les odeurs des choses et des personnes. Il est relié à la nature la plus primitive de notre cerveau : *le cerveau reptilien*. L'odorat est le sens idéal pour se reconnecter à son corps et au moment présent.

Pense au pouvoir d'évocation des odeurs comme :

- Le pain chaud,
- Le café,
- La lessive avec laquelle tes parents lavaient tes vêtements,
- La colle que tu utilisais à l'école,
- Le papier,
- Le feu de cheminée,
- Les oignons frits,
- Les roses, etc.

Toutes ces odeurs ont un pouvoir d'évocation quasiment instantané. Elles ont le pouvoir de te replonger dans ton passé. Mais elles ont aussi et surtout le pouvoir de déclencher en toi des réactions physiologiques immédiates comme la faim, un sentiment de sécurité, l'envie de te mettre au travail ou de créer, une sensation de détente ou de relâchement, le désir d'un baiser et le sentiment d'être aimé, etc. Les odeurs ont le pouvoir de transformer tes états physiques et émotionnels d'une façon radicale.

L'odorat va de pair avec le goût. Les deux sens se combinent facilement ensemble. Le goût concerne un nombre plus restreint de stimulations sensorielles, mais elles sont source d'un plaisir inouï. Pense au vin que l'on ne goûte qu'après l'avoir patiemment reniflé pour faire ainsi exploser son déluge de saveurs. Le goût vient des lèvres, de la langue, du palais... Comme l'odorat, il a le pouvoir de nous connecter immédiatement à notre environnement et donc au moment présent si l'on prend le temps d'en profiter.

• • •

Ah ! non ! c'est un peu court, jeune homme !
On pouvait dire... Oh ! Dieu ! ... bien des choses en somme...
En variant le ton, – par exemple, tenez :
Agressif : « Moi, monsieur, si j'avais un tel nez,
Il faudrait sur-le-champ que je me l'amputasse ! »
Amical : « Mais il doit tremper dans votre tasse
Pour boire, faites-vous fabriquer un hanap ! »
Descriptif : « C'est un roc ! ... c'est un pic ! ... c'est un cap !
Que dis-je, c'est un cap ? ... C'est une péninsule !

EDMOND ROSTAND, *CYRANO DE BERGERAC*

• • •

Je te propose maintenant de te lever et d'emporter avec toi ce livre pour partir explorer ton environnement à la recherche des odeurs qu'il renferme. Prends le temps de renifler chaque chose présente dans ton environnement. Cela peut être les livres qui sont dans ta bibliothèque, les rideaux des fenêtres, un vêtement laissé sur une chaise, une boîte laissée longtemps fermée... Explore doucement ton environnement et prends le temps de bien sentir. Tu es comme un animal découvrant un nouveau territoire !

TON DÉFI

Redécouvre les odeurs

Pose ce livre. Prends ensuite ta montre ou ton smartphone et programme le chronomètre sur 5 min. Maintenant, consacre ces cinq minutes à renifler ! Note ici trois odeurs particulièrement marquantes que tu as rapportées de cette exploration.

Première odeur : ....
....
....

Qu'évoque cette odeur en toi ? ....
....
....

Quel changement physique et émotionnel crée-t-elle en toi ? ....
....
....

Deuxième odeur : ....
....

Qu'évoque cette odeur en toi ? ....
....

Quel changement physique et émotionnel crée-t-elle en toi ? ....
....

Troisième odeur : ....
....

Qu'évoque cette odeur en toi ? ....
....

Quel changement physique et émotionnel crée-t-elle en toi ? ....
....
....

BRAVO POUR CE NOUVEAU DÉFI !

Ressens ton corps

• • •

« Voir, entendre, toucher, sont des miracles et chaque partie
et chaque particule de moi-même est un miracle. »

WALT WHITMAN

• • •

Pour te connecter encore mieux à ton présent, je voudrais, si tu es d'accord, que tu te concentres sur les sensations qui émanent de ton corps. Ton corps est en permanence parcouru par des sensations multiples. Ta peau bien sûr t'envoie des milliers de signaux, mais tu reçois également des signaux de l'intérieur de ton corps. Pour te connecter à ce moment particulier qu'est le temps présent, je voudrais que tu partes écouter ces sensations qui viennent de ta peau et de l'intérieur de ton corps.

Pour cela, tu peux commencer par ressentir pleinement les sensations qui viennent de ton visage. Pour améliorer tes perceptions et ressentir encore mieux ces sensations, tu peux bien sûr fermer les yeux et ainsi mieux concentrer ton attention. Commence par poser ton attention sur cette partie particulière de ton corps, située entre le sommet de tes lèvres et la base de ton nez. Cette partie est particulière, car, à chaque inspiration, tu peux sentir l'air qui glisse sur ta peau avant de pénétrer dans tes narines.

Une fois que tu auras placé ton attention à cet endroit précis, tu peux juste déplacer ton attention. Commence par déplacer ton attention sur tes lèvres. Essaie de bien ressentir tout ce qui se passe à l'intérieur et à l'extérieur de tes lèvres. Tu peux aussi déplacer ton attention à l'intérieur de ta bouche et te mettre à bien ressentir toutes les sensations qui viennent de tes dents, de tes gencives, de ton palais ou de ta langue. Tu peux ainsi ressentir la tension qui existe dans ta mâchoire et tu peux ainsi la soulager.

Puis tu peux faire la même chose au niveau de tes joues. Puis tu peux remonter et venir promener ton attention autour de tes yeux, une partie de ton corps particulièrement riche en muscles. Tu peux ainsi ressentir la tension de tes muscles sous la peau à cet endroit très sollicité. Fais comme si ton attention était une main qui venait caresser les différentes zones de ton visage. Comme si tu pouvais masser avec ta conscience toutes les parties de ton corps contractées ou endolories. Cela fait du bien, n'est-ce pas ?

• • •

« La gentillesse est à la morale ce que la kinésithérapie est à la médecine : un massage de l'âme et donc une manière de faire le bien par la douceur. »

EMMANUEL JAFFELIN

• • •

L'une des zones que nous ne stimulons que trop rarement et qui est pourtant particulièrement riche en sensations est la zone du crâne. On ne le sait pas assez, mais le crâne est recouvert de plusieurs muscles plats qui sont plus ou moins tendus et beaucoup de tensions dans la nuque ou dans le dos proviennent d'une trop forte tension des muscles du visage ou des muscles du crâne. Prends le temps de bien ressentir ce qui se passe à la surface de ton crâne et tu devrais normalement ressentir un certain relâchement.

Promène ton attention sur ton crâne dans des zones particulièrement sensibles, comme par exemple autour de tes oreilles. C'est cette zone sur laquelle les ciseaux du coiffeur passent quand ils coupent tes cheveux. Tu peux descendre jusqu'à la nuque. Si tu as besoin de ressentir encore plus de sensations, tu peux te masser réellement avec les mains. Tu verras, c'est vraiment très agréable et très relaxant de prendre ainsi le temps de se caresser. Cela donne du plaisir et permet de se reconnecter avec le moment présent.

TON DÉFI

Redécouvre une zone de ton corps

Indique ici les zones de ton corps qui sont les plus riches en sensations agréables quand tu les stimules avec ta conscience.

Zone 1 : ....
....
....
....
....
....
....
....

Zone 2 : ....
....
....
....
....
....
....

Zone 3 : ....
....
....
....
....

Choisis l'une de ces zones et masse-la doucement jusqu'à obtenir une sensation agréable. C'est un exercice inhabituel, mais ne te laisse pas impressionner par tes habitudes. Prends bien le temps de masser cette zone jusqu'à ressentir des sensations agréables. Se masser est une manière positive de communiquer avec son corps et de se reconnecter à l'instant présent. Se rappeler les sensations de son corps, c'est se rappeler que l'on est vivant.

BRAVO POUR CE NOUVEAU DÉFI !

Être, telle est la réponse à la question

• • •

« Comme la fraise a goût de fraise, la vie a goût de bonheur. »

ALAIN

• • •

Le moment est venu pour toi *d'être* et de ne rien faire d'autre. Tu es comme la flamme d'une bougie qui se consume lentement, comme une feuille sur la branche d'un arbre caressée par le vent, comme un galet posé sur une plage de l'océan. Tu es un être vivant. Tu respires. C'est suffisant ! Ton attention est juste focalisée sur le moment présent. Les secondes s'égrènent doucement. Tu n'as plus aucun passé, ni aucun avenir. Rien de tout cela ne compte plus. Ta conscience est là. Elle est là oui, juste là.

Il est possible qu'elle tente de s'échapper. La conscience s'ennuie vite. Elle aime la nouveauté, tout ce qui est différent et plus encore. Elle est un être épris de liberté qui aime voyager loin. Le rêve, la nostalgie, l'imagination, sont autant d'endroits et de chemins qu'elle aime emprunter. Car dans le monde qu'elle imagine tout est plus beau que dans la réalité. Dans le monde de la conscience, le temps et l'espace n'existent pas. Même la mort a été abolie. Alors la conscience aime vivre dans ce monde.

Ne la laisse pas s'égarer. Concentre-toi sur les sensations qui proviennent de ton corps et rappelle-la auprès de toi. Écoute tes sens et installe-toi dans le moment présent. Laisse tes pieds reposer sur le sol. Laisse leur poids les entraîner vers les profondeurs. Tes pieds sont comme des racines. Ils te relient à la terre. Ce que tu sens à ce moment-là, c'est la force qui gouverne tout dans l'univers, des atomes jusqu'aux astres. Je veux ici parler de la gravité. Prends le temps de ressentir cette force.

• • •

« Elle pense à l'époque de Jean-Sébastien Bach où la musique ressemblait à une rose épanouie sur l'immense plaine neigeuse du silence. »

MILAN KUNDERA, *L'INSOUTENABLE LÉGÈRETÉ DE L'ÊTRE*

• • •

Mais la conscience est aussi un oiseau apeuré qui s'envole au moindre bruit... à la moindre présence inquiétante. L'un des rôles de ta conscience est d'assurer ta protection. En faisant revenir ta conscience dans le moment présent, tu revendiques le fait d'être en sécurité. Tu n'as plus peur des bruits, des odeurs ou des présences étrangères. Tu les acceptes comme des faits et tu n'y prêtes plus attention. Car tu es là. Et ta seule présence suffit à emplir tout le champ de ton attention.

Ferme les yeux. Prends une profonde inspiration. Recueille-toi pendant quelques secondes. Tu es là à ne rien faire. C'est comme si dans l'univers, tout à coup, tu étais le seul être vraiment immobile. Dans l'univers, des étoiles explosent. Des comètes traversent l'espace à des milliers de kilomètres par heure. Des astres géants tournent les uns autour des autres en parcourant des distances inimaginables. Les mécanismes immuables de l'univers roulent à des vitesses et des distances incroyables.

Dans ton pays, ta ville, les hommes et les femmes s'affairent. Certains travaillent, d'autres regardent la télévision, d'autres font leurs courses. Des automobiles filent à toute allure sur les routes. Des trains fendent l'air, lancés sur leurs rails infinis à trois cents kilomètres par heure. Des avions décollent grâce à la poussée brutale de leurs réacteurs. Des gens s'aiment et se déchirent. Des gens se parlent et s'écoutent tandis que d'autres se murent dans le silence. Et toi, tu es juste là immobile.

···

Avez-vous remarqué comme la nature est bien faite ?

C'est l'automne, les arbres se préparent à passer l'hiver. Ils se parent de couleurs chatoyantes et forment d'épais tapis de feuilles mortes à leur pied, qui protègeront leurs racines des morsures de l'hiver. L'arbre végète. Portons-nous un jugement sur l'arbre ? Le critiquons-nous ? Non, bien sûr, ce serait absurde, n'est-ce pas ? Car c'est naturel !

L'arbre a besoin de ce temps de repos végétatif en hiver pour regarnir son épais feuillage, qui nous protègera du soleil en été. Pour nous, hommes et femmes modernes, la règle semble différente. Envie de végéter un moment, de traîner en pyjama toute la journée, de buller sur son canapé ? Hors de question ! C'est une perte de temps, et... qu'est-ce qu'on penserait de moi ? Et si... cette envie était en réalité un besoin, comme l'arbre a besoin de végéter ? Et si la flémingite aigüe n'était pas une maladie honteuse, mais un signal que nous envoient notre corps et notre esprit pour nous dire : « Hey, stop ! »

Nous avons besoin de végéter un peu nous aussi, de laisser tomber nos feuilles mortes à nos pieds et de nous reposer pour nous fortifier. C'est à cette condition que nous pouvons nous préparer à regarnir notre feuillage, à mûrir de beaux projets, à nous réaliser et à être heureux.

Nathalie V.

TON DÉFI

Ne fais rien !

Pose ce livre. Prends ensuite ta montre ou ton smartphone et programme le chronomètre sur 5 min.

Maintenant, consacre ces cinq minutes à ne rien faire. Tu peux bien sûr, si cela peut t'aider, fermer les yeux.

Que ressens-tu quand tu ne fais rien ? ....
....
....
....

Ressens-tu de la culpabilité ? ....
....
....
....

Parviens-tu à accepter cette culpabilité sans te détourner pour autant de ce repos bienfaisant ?
....
....
....

Quelles sensations cela te procure-t-il de te reposer ainsi ? ....
....
....
....

Te sens-tu plus fort après pour affronter les difficultés ou pour créer ? ....
....
....
....

BRAVO POUR CE NOUVEAU DÉFI !

La vie est devant toi *Sapiens*...
Il te reste tant de choses à réaliser...
Va et accomplis...

Vis le premier jour du reste de ta vie

• • •

« Répéter n'est pas recommencer »

JOHN GODEFROY

• • •

Pourrais-tu imaginer que ce jour est le premier jour du reste de ta vie ? Pourrais-tu prendre conscience qu'au moment où tu lis ces lignes, ta vie est juste en train de commencer. Tu vas te coucher ce soir et à ton réveil ce sera le premier jour. Tu viendras de naître et tout te semblera nouveau. Ta ville, ses habitants, ton job, tes collègues, tes enfants et ton conjoint, tes amis et tes connaissances, etc. Tous seront comme des bébés qui viennent de sortir du ventre de leur mère et découvrent le monde.

Fini de tergiverser et de te poser mille questions ! Le temps de la réflexion est maintenant révolu. Voici venu le temps de l'action ! Le moment est propice à changer ce qui doit être changé. Le moment est idéal pour passer un grand coup de balai sur le parquet de ton cœur, pour faire décoller le ballon de tes rêves, pour appuyer un grand coup sur l'accélérateur de la Ferrari de la vie !!! Tu sens la vibration, ce rugissement dans ton moteur. Bon sang ! Ça pousse ! Et ça te donne envie de rire tellement ça va vite !

Demain est le premier jour du reste de ta vie !

Il te reste tant de trucs à faire, de défis à relever, de personnes à rencontrer, de livres à lire, de films à regarder, de pays à visiter, d'expériences à vivre… La vie recèle tant de richesses ! La vie est comme une grosse pomme qu'on a envie de croquer… La vie, c'est une tablette de chocolat qu'on mange sans s'arrêter tellement on en aime le goût ! La vie, c'est une partie de jambes en l'air, à la fin de laquelle on s'écroule sur le lit en sueur, le cœur battant dans les tempes, parce qu'on vient juste de jouir !

- Qu'est-ce qui te ferait plaisir ?
- Qu'est-ce qui te comblerait de bonheur ?
- Qu'est-ce qui provoquerait en toi tant d'émerveillement que cela te ferait redevenir comme un gamin ?
- Qu'est-ce qui te donnerait un orgasme ?

Lâche-toi ! Ton corps et ton esprit sont deux énormes clitoris qui n'attendent que d'être caressés. Réalise tes fantasmes… Mets du charbon dans la chaudière de ton désir, fais monter la température et la pression jusqu'à exploser… Desserre les freins et laisse la locomotive accélérer ! Les paysages défilent à toute allure. Chacun d'entre eux t'inspire, te donne de nouvelles envies de voyages, de découvertes et de rencontres. Le train siffle, joyeux. À toi de choisir le bon aiguillage et les gares dans lesquelles tu veux t'arrêter.

N'oublie pas, demain est le premier jour du reste de ta vie !

Et à quoi tu vas consacrer le reste de ta vie, si ce n'est à essayer de prendre ton pied tous les jours dans toutes les sphères de ta vie… Prendre ton pied, ce n'est pas un plaisir seulement égoïste ! C'est en se faisant plaisir que l'on donne du plaisir aux autres. C'est en faisant un truc qui nous plaît vraiment que l'on devient utile. C'est en étant heureux que l'on devient un exemple. Le temps des soldats qui vont à la guerre et meurent au combat pour la patrie est révolu. On se bat maintenant pour nos propres rêves !

Le passé est mort, vive le futur ! Es-tu prêt ? Tu es comme un étalon, piqué aux fesses par un frelon asiatique, comme le réacteur d'une fusée juste avant que le compte à rebours ne tombe sur 0. Tu es comme le gland tombé d'un grand chêne et qui a l'ambition de devenir une forêt. Tu es la flèche fichée dans l'arc au moment où la main de l'archer lâche la corde. Tu es l'allumette que l'on gratte. Tu le soleil qui se lève sur la plaine au moment où la Terre change d'axe. Tu es la marée qui arrive au galop !

Demain est le premier jour du reste de ta vie !

• • •

Ground control to Major Tom
Tour de contrôle à Major Tom
Ground control to Major Tom
Tour de contrôle à Major Tom
Take your protein pills and put your helmet on
Prends tes cachets protéiniques et mets ton casque

Ten, nine, eight, seven, six, five, four, three, two, one, liftoff
Dix, neuf, huit, sept, six, cinq, quatre, trois, deux, un, décollage

DAVID BOWIE, *SPACE ODDITY*

TON DÉFI

Regarde *La vie rêvée de Walter Mitty*

C'est un film qui raconte comment on peut apprendre à oser, même après des années de renoncement.

Ton défi consiste à regarder ce film.

Quand tu l'auras vu, réponds à ces questions.

Qu'as-tu pensé du personnage ? ....
....
....
....
....

Qu'aurais-tu envie d'oser faire ? ....
....
....
....
....

Qu'as-tu pensé de la devise de ce magazine Life ?

« Voir le monde, ses contrées les plus dangereuses, voir au-delà des murs, regarder de plus près, aller à la rencontre de l'autre et ressentir. Voilà le but de la vie. »

....
....
....
....
....
....
....
....

BRAVO POUR CE NOUVEAU DÉFI !

Écris les trois scénarios

• • •

« Un roman doit toujours contenir un secret. »

JEAN-MARC ROBERTS

• • •

Chaque homme et chaque femme, qui vivent dans ce monde, mériteraient que l'on fasse de leur vie un roman. Car la vie est comme un roman qui raconte l'histoire d'une vie avec ses hauts et ses bas, ses moments d'ennui, ses aventures, ses joies et ses peines, ses épreuves et ses opportunités. De ce roman, on connaît seulement le début, jamais la fin. Tout est à inventer. Dans la vie, tout est surprise, invention, suspense !!! Vois ta vie comme un roman dont tu t'apprêtes à commencer un nouveau chapitre.

Avant, tu étais seulement le héros de ce roman. Tu te contentais de vivre ! Maintenant, tu es à la fois le héros et le romancier. Tu vis et tu imagines ta vie ! C'est toi qui es aux commandes ! Le seul maître à bord. Tu as coupé le pilotage automatique et tu as le manche bien en main. Les réacteurs sont à pleine puissance. Tous les voyants clignotent. Tu as changé de cap sans prévenir la tour de contrôle. Il sera toujours temps de les prévenir au moment de l'atterrissage. En attendant, plein gaz, direction le bonheur !

Allons-y ! Mettons-nous au travail ! Je voudrais, si tu es d'accord, que tu commences par imaginer trois scénarios pour ta vie future. Tu as aujourd'hui le choix entre plusieurs possibilités. Toutes ces possibilités sont autant de portes à ouvrir et de chemins à emprunter. Une vie intéressante et heureuse est la seule contrainte à ton histoire. Pour le reste, tout est autorisé. Tu as le droit à tous les scénarios. Et, pour les imaginer, tu ne dois pas tenir compte de ce que tu considères actuellement comme une contrainte.

* * *

Ne laisse pas ta flamme s'éteindre, étincelle après précieuse étincelle dans les eaux putrides du presque, du pas encore ou du pas du tout. Ne laisse pas périr ce héros qui habite ton âme dans les regrets frustrés d'une vie que tu aurais méritée et que tu n'as jamais pu atteindre. Tu peux gagner ce monde que tu désires tant. Il existe, il est bien réel, il t'appartient. Tout est possible.

LES FRÈRES SCOTT

* * *

Pour t'aider à créer ces trois scénarios, je vais te poser trois questions. Cela te permettra d'imaginer plus aisément ton futur. Un bon romancier a sa méthode pour écrire. Tout d'abord il te faut choisir un ou plusieurs lieux. Ces lieux seront le décor de ton histoire. C'est là que le personnage principal, à savoir toi, évoluera. C'est là que tu vivras ! La seule contrainte qui s'applique est que ce lieu puisse te rendre heureux, qu'il soit cohérent avec tes valeurs, tes besoins et ta personnalité. La question à te poser est :

Dans quel endroit aimerais-je que se déroule le prochain chapitre de ma vie ?

- Est-ce dans une grande ville quelque part dans le monde ? New York, Shanghai, Barcelone, Londres ou Paris ?
- Ou est-ce plutôt dans un petit village retiré, loin de l'agitation des villes, accroché sur le flanc d'une colline ?
- Est-ce au bord de la mer, d'un fleuve ou au milieu d'une plaine désertique ?
- Est-ce dans un endroit où il fait chaud ?
- Ou plutôt dans un endroit où il fait froid ?
- Et les gens qui habitent cet endroit ?
- Doivent-ils être ouverts, ambitieux, créatifs, conservateurs, humbles, routiniers ?

• • •

« Le paradis terrestre est où je suis. »

VOLTAIRE

• • •

Ce qui compte, c'est que l'endroit que tu choisiras soit un endroit qui te nourrisse. Il faut que cet endroit te rende heureux. Il faut qu'il te donne de la force, des espérances, qu'il t'excite, et te rende meilleur ! Mais peut-être que tu n'imagines pas vivre dans un seul endroit. Peut-être, à l'instar des nomades du temps jadis, préfères-tu t'en aller de ville en ville, en suivant la course du soleil. Tout est possible, alors tu n'as qu'à choisir ce qui te plaira. Pour le reste, ne t'en soucie pas maintenant ! L'intendance suivra !

Visualise bien dans ton esprit ces différents endroits. Si tu n'arrives pas à les visualiser, prends un livre ou va sur Internet et télécharge des photos de ces endroits. Il faut que tu en aies une vision claire : les couleurs, les formes, l'ambiance, etc. Il faut que tu aies une bonne connaissance de la manière dont vivent les habitants de là-bas. Un romancier, quand il s'apprête à écrire un nouveau chapitre, fait des recherches pour avoir une vision précise du lieu dans lequel il fera évoluer son héros. Parfois même, il se déplace.

Maintenant, il te faut choisir le style et le rythme de vie de ton héros.

- Le rythme est-il trépidant ou lent, régulier ou au contraire chaotique ?
- Et son style de vie ? Est-ce un aventurier, un travailleur acharné, un épicurien, une personne modérée en recherche d'équilibre entre toutes les sphères de sa vie ?
- Ou est-ce au contraire une personne passionnée toujours extrême dans ses décisions ?
- De quoi sont faites ses journées ?
- De quoi les emplit-il chaque jour qui passe pour qu'elles le rendent heureux ?

• • •

« Un seul être vous manque et tout est dépeuplé. »

ALPHONSE DE LAMARTINE

• • •

Enfin, choisis les personnes avec qui tu voudrais vivre dans ce lieu. Choisis les personnes avec qui tu voudrais vivre, celles qui te nourriraient, t'apporteraient joie et énergie. Profites-en pour laisser derrière toi les personnes toxiques, celles dont la présence te fatigue. Parfois un endroit qui ressemble à l'enfer peut se transformer en paradis à la condition qu'on le débarrasse des personnes qui nous persécutent. Dans le lieu où tu vivras, il faut absolument qu'il y ait des gens qui t'aiment d'un amour sincère et inconditionnel.

TON DÉFI

Choisis trois scénarios pour ta vie future

Indique ici les trois scénarios du roman de ta vie par ordre de préférence :

Scénario 1 : j'aimerais vivre à/en.. avec ....
....
Dans ce lieu, l'objectif de ma vie serait de : ....
....
....
Qu'est-ce que j'aime dans ce scénario ? ....
....
....
....

Scénario 2 : j'aimerais vivre à/en.. avec ....
....
Dans ce lieu, l'objectif de ma vie serait de : ....
....
....
Qu'est-ce que j'aime dans ce scénario ? ....
....
....
....

Scénario 3 : j'aimerais vivre à/en.. avec ....
....
Dans ce lieu, l'objectif de ma vie serait de : ....
....
....
Qu'est-ce que j'aime dans ce scénario ? ....
....
....
....

BRAVO POUR CE NOUVEAU DÉFI !

Vois certaines choses en grand
(et d'autres en petit...)

• • •

*« Il faut toujours viser la lune, car même en cas d'échec,
on atterrit dans les étoiles. »*

OSCAR WILDE

• • •

Toute sa vie, on nous apprend à limiter nos désirs et nos ambitions. Les gens disent : « mais ce n'est pas possible ! Tu devrais revoir tes plans ! » Ou alors : « tu sais, c'est très difficile, tu devrais peut-être essayer un truc plus accessible pour toi ». La meilleure méthode pour réussir et être heureux, c'est de ne pas les écouter. Comme le rappelle Oscar Wilde, *pour aller loin, il faut essayer d'aller très loin ; pour monter haut, il faut essayer de monter très haut ! Pour avoir quelque chose de grand, il faut imaginer les choses en très grand !!!*

Voir les choses en grand, c'est comme pousser les murs ! C'est comme ouvrir les portes et les fenêtres de son âme pour y faire entrer la lumière de l'espérance ! Il faut savoir ne pas se contenter de peu. Il faut savoir vouloir plus et repousser les limites. Ose être le plus ambitieux des hommes et la plus ambitieuse des femmes dans tout ce que tu entreprends ! Cela signifie-t-il désirer devenir riche, puissant et célèbre ? Pas nécessairement. Il y a d'autres formes de réussite. C'est à toi de choisir dans quoi tu veux être exigeant.

• Si tu rêves de faire un voyage de 1 000 km, imagine-toi faire un voyage de 10 000 km,

- Si tu rêves de traverser ton propre pays, imagine que tu fais le tour du monde,
- Si tu rêves de voler dans le ciel, imagine que tu voles dans l'espace,
- Si tu rêves de gagner mille euros, imagine que tu gagnes un million d'euros,
- Si tu rêves de connaître l'amour, imagine un amour aussi fort et intense qu'il serait comme une vague gigantesque dans ton cœur changé en océan,
- Si tu veux faire un enfant, imagine-toi en faire dix,
- Si tu veux avoir un ami, imagine que tu en rencontres dix,

Vois les choses en grand, repousse les limites, agrandis tes rêves !

• • •

« Laissez-vous guider par votre rêve, même si vous devez momentanément le mettre de côté pour trouver un emploi ou payer votre loyer. Et restez toujours ouvert aux opportunités de sortir du cadre pour mener la vie et faire les choses qui vous inspirent profondément… n'ayez pas peur. »

JANE GOODALL

• • •

Mais comment faire pour voir les choses en grand ?

- Pour voir les choses en grand, il faut jouer avec son esprit.
- Commence par imaginer un bambou.
- Imagine que ce bambou devient aussi petit qu'un crayon que tu tiens dans ta main.
- Imagine maintenant qu'il rétrécit encore, jusqu'à devenir aussi court et fin qu'une allumette. Imagine que cette allumette grandit et devient à nouveau un crayon.
- Puis que ce crayon devient à nouveau un bâton.
- Maintenant imagine que ce bâton grandit encore et qu'il devient aussi grand qu'un bambou de plusieurs mètres de haut.

Et tu pourrais imaginer que ce bambou grandit encore et qu'il devient aussi large et épais que le pilier d'un pont. Et tu pourrais imaginer que ce bambou grandit encore pour devenir aussi grand qu'une haute tour qui monte jusqu'aux nuages. Et cette tour pourrait être si haute qu'elle traverse l'atmosphère et va jusqu'aux étoiles comme un pont qu'on peut emprunter à tout moment en direction de la galaxie. Si, grâce à ton esprit, tu peux changer une allumette en une tour de cette taille, tu peux réussir à voir l'un de tes rêves en grand !

• • •

« L'imagination est plus importante que le savoir. »

ALBERT EINSTEIN

• • •

Et tu pourrais aussi voir certaines choses en plus petit... Et ces choses, ce sont les obstacles et les embûches que tu entrevois sur la route de tes rêves. Ce sont tes doutes, tes freins et tes inquiétudes... Imagine une montagne immense qui te semble infranchissable : une montagne dans le style de l'Everest de plusieurs kilomètres de haut, aux flancs escarpés, aux sentiers enneigés, au sommet glacé. Cette montagne, c'est celle que tu vas devoir gravir pour te réaliser. Mais cette montagne n'est pas aussi haute qu'il n'y paraît.

Regarde bien. Car cette montagne rétrécit. Sous l'effet d'un rayon magique invisible, pointé par ton âme, voici qu'elle se met à diminuer de taille. La montagne devient colline, la colline devient coteau, le coteau devient bute, la bute devient bosse, la bosse devient une simple irrégularité. Ce que tu prenais pour une montagne infranchissable n'est, en réalité, pas plus haut qu'une petite marche qu'il te revient d'enjamber d'un pas léger ! Ou n'est-ce pas toi qui pourrais grandir en même temps que cette montagne rétrécit ?

• Si les doutes qui tenaillent ton cœur sont en ferraille, transforme-les en caoutchouc,
• Si les dangers qui t'inquiètent sont comme des couteaux acérés, émousse leur lame,

- Si les obstacles qui se dressent sur ton chemin sont comme des gouffres infranchissables, comble-les des terres de ta confiance,
- Si tu penses devoir dépenser un million d'euros que tu n'as pas, imagine que tu n'en dépenses que mille,
- Si tu penses que les dix enfants que tu auras feront mille bêtises, imagine que ces dix enfants seront aussi sages que des images et pas plus turbulents qu'un seul,
- Vois les obstacles en petit, réduis les limites, agrandis tes capacités.

• • •

« L'obstacle nous fait grands. »

ANDRÉ CHÉNIER

• • •

Agrandis tes rêves, réduis tes peurs, avance joyeusement sur le chemin de la vie, confiant dans tes talents, tes intuitions et tes envies. Tes rêves sont immenses, les obstacles minuscules et tes capacités incroyables. Tu as les pouvoirs d'un super-héros dans un monde dépourvu de réels dangers. Tu pourrais, si tu le voulais, devenir un Mozart ou un Tarantino dans ton domaine. Tu es une voiture de course, un bateau avec d'immenses voiles, un avion avec un moteur à réaction capable de franchir le mur du son.

• • •

La souche et l'éléphant

Lors d'un voyage en Asie, Julien observait un vieil homme détacher un éléphant d'une souche d'arbre. Il observait, étonné, l'éléphant attendre patiemment d'être libéré. L'animal de plusieurs tonnes demeurait immobile. S'il avait voulu, il lui aurait suffi d'un geste pour déraciner la souche d'arbre.

En quelques secondes, il aurait pu s'échapper dans la forêt et rejoindre ses frères et sœurs restés à l'état sauvage. Mais il n'en faisait rien. Il restait là paisiblement accroché à la souche, acceptant sa situation captive.

Un peu plus tard dans la journée, Julien demanda au vieux dresseur pourquoi un animal aussi puissant n'essayait pas de s'échapper. Le vieux dresseur lui répondit :

– Quand les éléphants sont encore jeunes, j'utilise la même corde pour les attacher à la souche d'arbre. À cet âge, la souche suffit à les maintenir immobile, car ils sont trop petits pour pouvoir l'arracher. Les éléphants apprennent que c'est impossible de s'échapper. En grandissant, bien que leur force devienne incroyable, les éléphants n'essaient pas de s'échapper. Ils continuent de penser qu'il est impossible de soulever cette souche d'arbre.

Julien en fut encore plus étonné. Les éléphants n'essayaient pas de se libérer, non parce qu'ils ne pouvaient pas le faire, mais parce qu'ils pensaient que cela leur était impossible.

TON DÉFI

Rends ici l'un de tes rêves possible

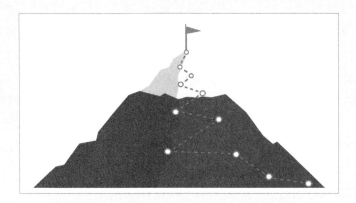

Avant je voulais ....
....
Maintenant que j'ai compris que je dois voir grand (viser la lune pour atterrir au moins dans les étoiles), je veux : ....
....

Avant je voyais les obstacles suivants entre moi et mon rêve : ....
....
....

Maintenant que j'ai compris que je dois voir les obstacles en petit, je vois les obstacles entre moi et mon rêve de la façon suivante : ....
....
....

Avant je voyais mes capacités pour réaliser ce rêve ainsi : ....
....
Maintenant que j'ai compris que j'avais tendance à sous-estimer mes capacités, je vois mes capacités de la façon suivante : ....
....

BRAVO POUR CE NOUVEAU DÉFI !

Envole-toi

• • •

« La vie, c'est comme une montgolfière.
Pour aller plus haut, il faut savoir se délester et jeter par-dessus bord
tout ce qui empêche de nous élever. »

RAPHAËLLE GIORDANO

• • •

Si tu es d'accord, imagine que tu marches sur un chemin. Ce chemin traverse une forêt de sapins. Les branches de ces sapins sont si emmêlées qu'elles ne laissent pas filtrer la lumière. De cette forêt, il se dégage quelque chose de noir. Des milliers d'arbres, à la silhouette sombre et menaçante, t'encerclent. Où que tu regardes, les sapins se dressent devant toi, dans leurs armures d'épines. Il n'y a aucune autre issue que ce sentier étroit qui s'enfonce à chaque pas plus profondément dans la forêt.

Tes narines sont pleines de l'odeur entêtante de leur sève.

Sans d'autre choix, tu empruntes ce chemin. Au bout d'une centaine de mètres où la pénombre n'a fait que grandir, voilà que tu parviens dans une clairière. Tu peux enfin voir, qu'au-dessus de cette forêt, le ciel existe encore. Certes la lumière est lointaine, mais tu vois qu'elle existe. Au centre de la clairière, une montgolfière t'attend. Le ballon est gonflé d'air chaud et semble prêt à partir. Tu sautes dans la nacelle. Tu défais les amarres et lèves l'ancre qui retient le ballon au sol. Tu t'envoles !

Une fois que tu as levé l'ancre, la montgolfière s'élève. Doucement, elle monte le long des troncs hérissés de branches épineuses. Le risque est grand qu'elle ne se déchire. Mais finalement le ballon s'élève parfaitement à la verticale et évite ce péril. Plus il monte et plus il y a de la lumière. Te voilà bientôt au niveau de la cime des arbres. D'ici, tu vois la forêt entière. Elle est immense. Dans le ciel, le soleil brille. Des oiseaux volent au loin. Tu décroches les lests et aussitôt la montgolfière s'élève rapidement.

· · ·

« Plus on prend de la hauteur et plus on voit loin. »

PROVERBE CHINOIS

· · ·

Tu survoles pendant quelques instants la cime des arbres, puis le ballon monte plus haut dans le ciel. De la nacelle qui flotte dans l'espace infini du ciel, tu aperçois la forêt que tu traversais. De là-haut, elle est minuscule, comme un petit morceau de moquette foncée. D'ici, la forêt d'épineux est inoffensive. Tout autour de cette forêt, des plaines, des lacs et des rivières, des prairies et des collines s'étendent à perte de vue. C'est simplement magnifique. Tu contemples ces paysages merveilleux avec tes yeux d'enfant.

Ici, en haut, l'air est pur et frais et tu respires à pleins poumons.

La montgolfière, poussée par les vents, t'emporte au-dessus de paysages variés, survolant autant de montagnes enneigées que de vallées profondes. Tu es maintenant très loin de la forêt originelle à l'atmosphère étouffante. Tu croyais avoir pris une voie sans issue. Tu ne voyais aucune solution pour t'en sortir. Et voilà qu'en prenant de la hauteur, tu t'aperçois que cette situation, que tu croyais inextricable, ne l'était pas du tout. Il suffisait de prendre un peu de hauteur pour voir les choses différemment.

Tes yeux scrutent l'horizon. Le vent tiède souffle et caresse tes épaules. Au loin, tu aperçois ce qui semble être la mer. C'est une étendue bleue sans fin qui scintille sous les rayons du soleil. C'est très beau ! On dirait des centaines de milliers de libellules luminescentes qui virevoltent dans les airs. Leur danse est si imprévisible qu'elle t'hypnotise. Sans que tu n'ordonnes rien, le ballon prend la direction de cette région inconnue. Confiant, tu te laisses guider par le vent, qui est comme ton meilleur ami.

• • •

Une métaphore

Le voyage en montgolfière est une métaphore de l'existence. Dans cette histoire, la forêt noire représente un problème complexe, qui semble insoluble. C'est une situation d'inconfort, de mal-être, voire de souffrance. Lorsque l'on est confronté à ce problème, il occupe toutes nos pensées et il semble que notre vie soit impossible.

La montgolfière représente une partie de la solution à ce problème. Elle consiste à changer son angle de vue, à essayer de voir les choses différemment, à replacer le problème dans une autre perspective, plus large. C'est ce qu'on appelle prendre de la hauteur. La montgolfière représente donc une manière de résoudre le problème.

Le ballon symbolise ici le désir d'évoluer, d'aller de l'avant, de s'élever. Le brûleur est un moteur de sens. Il représente l'énergie vitale. Les lests, que l'on jette pour alléger la nacelle, représentent quant à eux les personnes dont on a besoin de s'écarter pour avancer, mais aussi les habitudes et les croyances limitantes que l'on doit abandonner.

Une fois que l'on se trouve dans le ciel, l'importance que l'on accordait au problème semble toute relative. Le paysage qui s'offre aux yeux du voyageur est un espace immense. Il s'agit d'une représentation de la vie. Dans la vie du voyageur, le problème n'est qu'un épisode, certes difficile, mais il ne mérite pas qu'on lui accorde une place si importante.

Cette prise de hauteur permet de saisir les enjeux profonds de la vie. Elle permet de se rassurer sur sa capacité à résoudre le problème. Le bonheur et la joie lui succèderont. Après une période difficile, survient toujours une période d'épanouissement et de satisfaction. La vie est régie par une loi d'équilibre qui corrige naturellement les états intérieurs.

La dernière chose que voit le voyageur est la mer. La mer représente l'infini, les voyages et l'aventure, l'inconnu de la vie. Avant de s'engager dans ce futur encore à construire, le héros pose sa montgolfière et fait une dernière halte sur le rivage. En reposant les pieds sur terre, il revient dans le moment présent qui est aussi le temps de l'action.

• • •

Tu ordonnes au ballon de redescendre. Pour cela, tu n'as qu'à tirer sur une cordelette reliée à une trappe installée sur le ballon, ce qui permet de laisser s'échapper l'air chaud. Le voilà qui descend vers la plaine. C'est une plaine magnifique où poussent des blés mûrs. Tout autour, il y a des champs de fleurs. Le soleil est sur le point de se coucher et descend sur la mer et les dunes qui l'entourent. C'est un endroit merveilleux. On l'appelle le rivage. C'est un lieu pour faire une dernière halte avant de reprendre le cours de sa vie.

Le ballon se pose sur le sable. Tu sens sur tes pieds nus le sable encore chaud. La mer lance vaillamment sur la rive de magnifiques rouleaux illuminés par les feux rouges et scintillants du soleil couchant. Te voilà qui penses aux personnes que tu aimes. Te voilà qui penses aux personnes avec qui demain tu poursuivras ton voyage, embarquant sur un bateau pour traverser l'océan et poursuivre ta vie. Tu restes longtemps à contempler le paysage, à penser à tes proches et à imaginer ta vie future. Ici, tu te sens bien !

La nuit s'installe, mais elle n'est pas noire. Des étoiles brillent partout et t'indiquent mille chemins à prendre. Chacune d'elle représente un futur prometteur. Tu n'as qu'à choisir. Exercer sa liberté est parfois difficile, mais c'est un privilège extraordinaire. Exerce ce privilège. Choisis l'étoile qui guidera ta vie. Et suis-la.

Tout ce que tu verras ensuite et tout ce que tu découvriras au travers de ton voyage te comblera de joies. Les étoiles sont aux voyageurs ce que le soleil est aux arbres. Elles lui indiquent par où il doit croître.

Dessine une montgolfière de façon schématique. La montgolfière est au-dessus de la forêt.

[Le ballon] = « ce qui me donne envie d'avancer dans la vie »
[Les lests accrochés à la nacelle et que le passager décroche] :

- [Lest 1] : Une personne dont je dois m'éloigner
- [Lest 2] : Une mauvaise habitude que je dois abandonner
- [Lest 3] : Quelque chose que je ne veux plus faire

[Le brûleur] : Quelles sont les trois valeurs qui donnent du sens à ce que je fais ?
[Le vent] : Quelles sont mes aspirations profondes ?
[En bas une forêt de pins aux sommets pointus] : Quels sont les problèmes auxquels je suis confronté aujourd'hui ?

TON DÉFI

Représente ta vie sous la forme d'un voyage en montgolfière

Regarde cette montgolfière. Chaque partie correspond à un élément important de ta vie :

1. **Le ballon** = Ce qui te donne envie d'avancer dans la vie
2. **Les lests** accrochés à la nacelle et que le passager décroche :
    - **Lest 1** = Une personne dont tu dois t'éloigner
    - **Lest 2** = Une mauvaise habitude que tu dois abandonner
    - **Lest 3** = Quelque chose que tu ne veux plus faire
3. **Le brûleur** = Les trois valeurs qui donnent du sens à ce que tu fais
4. **Le vent** = Tes aspirations profondes
5. **La forêt** de pins aux sommets pointus = Les problèmes auxquels tu es confronté aujourd'hui

Complètes chaque partie. Une fois fait, regarde le schéma d'ensemble.

Que ressens-tu ?
....
....

Qu'est-ce que ce dessin t'inspire ?
....
....

Cet exercice te fait-il changer ta vision de la vie ?
....
....

Cet exercice te fait-il changer la vision de tes difficultés actuelles ?
....
....

BRAVO POUR CE NOUVEAU DÉFI !

LE VENT : ....
....
....

LE BALLON : ....
....
....

LE BRÛLEUR : ....
....
....

LEST 1 : ....

LEST 2 : ....

LEST 3 : ....

LA FORÊT : ....
....
....

Fais le grand ménage intérieur et extérieur

• • •

« On ne met pas son passé dans sa poche ;
il faut avoir une maison pour l'y ranger. »

JEAN-PAUL SARTRE

• • •

Il t'appartient de faire le tri. Après avoir fait le tri dans tes valeurs, tes espérances et tes relations, tu dois faire maintenant le tri dans les objets que tu possèdes. Chaque objet est porteur d'un souvenir. Chaque objet représente un rêve ou un renoncement. Chaque objet est le symbole de quelque chose. On croit posséder les objets, mais très souvent ce sont les objets qui nous possèdent. Ils sont là, posés innocemment sur une étagère, un tapis ou à côté du canapé. Ils ont l'air inoffensifs, alors qu'il n'en est rien.

Tu as acheté ces objets à des périodes plus ou moins heureuses de ta vie. Ou alors, ils t'ont été offerts par des personnes avec qui tu entretiens des relations plus ou moins chaleureuses aujourd'hui. Quand tu enfiles un pullover offert par la personne que tu aimes, ce pullover est plus chaud et plus doux que tous les autres pullovers. Les objets sont la conséquence d'une intention. Ils en sont la trace matérielle et ainsi ils continuent de faire vivre cette intention. C'est ainsi qu'ils influencent le présent, mais aussi l'avenir.

Contrairement à ce que pensent beaucoup de gens, qui critiquent par ignorance la vie des gens ordinaires, en l'affublant dédaigneusement du terme de *matérialisme*, les objets ne sont pas seulement des objets. Les objets ont une âme et une signification spirituelle pour ceux qui les possèdent. Les objets ne sont pas uniquement faits de matière. Ils relient la matière à des évènements, des personnes, des situations invisibles pour le spectateur, mais bien connues de leur propriétaire. Et c'est ce lien avec l'invisible qui compte.

* * *

« Nos affaires illustrent avec une grande précision l'historique des décisions que nous avons prises dans notre vie. »

MARIE KONDO

* * *

Si tu veux faire un pas de plus vers le mieux-être, tu dois te séparer des affaires qui symbolisent le mal-être. Cela peut être des objets d'une grande valeur marchande comme une maison, une voiture, une œuvre d'art ou des objets d'une valeur moindre comme un petit meuble, un livre, des assiettes, etc. Peu importe en fait la valeur marchande de cet objet. Ce qui compte, c'est sa valeur spirituelle, c'est-à-dire ce qu'il signifie pour toi. Et s'il signifie quelque chose de douloureux, il est inutile, voire dangereux, de le garder.

Tu ne t'en rends sans doute pas compte, mais chaque fois que tu passes devant cet objet, tes yeux le voient. C'est fugace, souvent inconscient. Mais tes yeux l'ont vu... Et dans les profondeurs de ta mémoire, voilà que des souvenirs remontent à la surface. Cet objet te rappelle quelque chose et il te met dans un certain état d'esprit. Souvent, cela se passe sans que tu en aies conscience. Beaucoup de personnes ont du mal à s'avouer qu'un simple objet puisse provoquer un effet psychologique aussi puissant.

Pourtant, l'expérience montre que certains objets à l'apparence anodine sont capables de provoquer de véritables souffrances. Voilà pourquoi il convient d'apprendre à ranger et surtout à jeter. Il peut paraître paradoxal à l'époque où l'on parle de lutte contre le gaspillage d'inviter les personnes à jeter. Et pourtant... jeter peut être salvateur. Jeter peut guérir. Jeter peut aider à être heureux. Si vraiment, tu ne supportes pas l'idée de jeter à la poubelle des objets fonctionnels, alors peut-être peux-tu les donner.

• • •

« Je déteste faire le ménage. Vous faites le lit,
la vaisselle et six mois après, tout est à recommencer. »

JOAN RIVERS

• • •

En Occident, nous passons notre vie à accumuler des objets. Ces objets marquent les différentes époques de notre vie. Ils nous rappellent chaque fois ce que nous étions par le passé et non ce que nous souhaitons devenir dans le futur. Les objets doivent nous aider à grandir et à évoluer et non nous freiner dans notre évolution en nous rappelant sans cesse le passé. Les objets que nous possédons et qui peuplent nos intérieurs doivent symboliser ce que nous voulons devenir et non ce que nous étions hier.

À mon sens, les couples qui se séparent, s'ils veulent pouvoir évoluer rapidement, ne devraient rien garder de ce qui symbolise leur amour passé, ou alors bien ranger ces objets à l'abri des regards dans une petite chapelle personnelle où ils pourraient venir se recueillir seulement de temps en temps. Sinon, il y a fort à parier qu'ils souffriront de mélancolie et que leurs nouvelles amours ne se sentiront pas bien chez eux. Il en est de même pour les autres sphères de la vie... comme la vie professionnelle...

Ne conserve rien qui te rappelle une expérience douloureuse, sauf si c'est pour te rappeler un enseignement utile pour ton futur. On peut conserver un objet qui évoque une difficulté, un problème, une souffrance à la condition que cet objet évoque un enseignement positif permettant d'améliorer sa vie. Tu dois meubler ton intérieur uniquement avec des objets qui te rappellent des souvenirs positifs. Tu ne dois conserver que des objets qui contribuent à te donner de la force et de la confiance et qui te font avancer.

• • •

« La poubelle est le meilleur des accessoires de rangement. »

FRÉDÉRIC DARD

· · ·

Je dois m'excuser ici auprès de tous ceux qui font de grands efforts pour éviter de jeter. Je sais à quel point une consommation plus raisonnée est importante pour la planète. À toutes ces personnes, je demanderai donc de faire une petite exception, uniquement pour ce grand ménage salvateur et bienfaisant. C'est parce que ce rangement est nécessaire que l'on s'autorise à le réaliser. C'est parce que certains objets sont porteurs de difficultés que l'on s'autorise à les jeter et à les laisser aller ainsi au néant.

Allons-y ! Commence par les livres. Puis occupe-toi des vieux vêtements. C'est très important les vieux vêtements ! Je me suis aperçu récemment que je conservais dans mon placard un sweat-shirt que m'avait offert mon premier amour. Cette relation m'avait rendu très malheureux. Vingt ans après, je continuais pourtant, le soir venu, de passer ce sweat-shirt. Le pire, c'est que ce sweat-shirt n'avait quasiment pas vieilli !!! Quand je m'en suis rendu compte, j'ai décidé de le jeter. Il était temps de passer à autre chose.

Puis occupe-toi des objets. Prends les objets. Regarde-les, sens-les, touche-les, écoute-les et demande-toi simplement : cet objet me procure-t-il des sensations agréables ? Cet objet sera-t-il utile dans ma vie future ? Si c'est *Oui*, conserve-le. Si c'est *Non*, jette-le. À ce moment précis, tu vas devoir faire confiance à ton intuition, à tes émotions et à tes sensations plutôt qu'à ta raison. Car il est fort probable que ta raison résiste, qu'elle t'incite à conserver un objet nuisible, par peur de manquer ou par culpabilité de le jeter.

C'est une épreuve difficile, j'en suis conscient, car beaucoup d'objets ont une valeur financière. Tu as acheté une veste ou une robe très chère et tu ne l'as jamais mise. Cela fait cinq, dix ou quinze ans que cela s'est produit et tu la conserves encore dans ton armoire. Pourtant cet objet ne sert à rien. Tu ne le mets pas. Le conserver, c'est juste ressentir à chaque fois que tu le vois ce même sentiment désagréable d'avoir dépensé une grosse somme d'argent pour quelque chose qui reste malheureusement inutilisé.

Jette-le ou donne-le si tu préfères, pour qu'il puisse bénéficier d'une deuxième vie et être utile à d'autres personnes. Si tu penses que les objets sont chargés d'énergie et que tu es mal à l'aise à l'idée de transmettre un objet qui t'évoque la douleur, la souffrance ou la peine, jette-le sans aucun état d'âme. Tu verras, te séparer de cet objet te fera un bien incroyable. Après avoir surmonté cette épreuve, tu te sentiras plus libre. Ton cœur n'en sera que plus léger. Et le champ des possibles s'ouvrira !

TON DÉFI

Fais le tri !

Choisis une pièce et commence.
Saisis-toi de deux grands sacs, l'un pour jeter et l'autre pour donner.

Conserve précieusement tous les objets qui évoquent pour toi la liberté, le bien-être, l'amour, la tendresse, etc. Tous les sentiments positifs et purs, tous les souvenirs qui te donnent de la force et de l'énergie.

Jette à la poubelle tous les objets qui te donnent de la peine ou qui évoquent chez toi de mauvais souvenirs. Il est temps de rompre définitivement les liens avec ce passé pesant et de te consacrer à ta vie future.

Les autres objets inutiles, dépose-les dans l'autre sac. Tu peux le mettre ensuite sur le trottoir devant ta maison avec un petit mot « servez-vous ! ».

Pour faire ton choix, prends le temps pour chaque objet de ressentir ce qu'il t'évoque. Tu peux pour cela fermer les yeux et bien ressentir à l'intérieur de toi tous les sentiments qui lui sont liés. C'est ton cœur qui te dictera ta conduite à chaque fois.

BRAVO POUR CE NOUVEAU DÉFI !
C'EST L'UN DES PLUS DIFFICILES ET DES PLUS EXIGEANTS CONTENUS DANS CE LIVRE !

Solde tes dettes

• • •

« Un pauvre sans dette est un homme riche. »

PROVERBE LIBYEN

• • •

La liberté de choisir son avenir se gagne en soldant ses dettes. Je ne parle pas ici seulement de dettes financières, mais plutôt de dettes psychologiques. Le fait de se sentir redevable de quelque chose doit amener à ressentir de la gratitude et à avoir de la reconnaissance. Il est important de dire *Merci* aux personnes qui nous ont aidés à accomplir notre destinée. Néanmoins éprouver de la gratitude et avoir de la reconnaissance à l'endroit de certaines personnes ne doit pas pour autant leur donner le droit de diriger notre vie.

Il ne faut pas confondre la gratitude et la reconnaissance avec la soumission.

Il est courant que des enfants se sentent redevables vis-à-vis de leurs parents. L'éducation, l'attention, l'argent qu'ils ont reçus de leur part ont créé une forme de dette qu'ils pensent devoir rembourser jusqu'à la fin de leur vie. Cette dette psychologique les oblige dans un certain nombre de situations à faire ou à s'interdire de faire certaines choses. On fait ou on ne fait pas certaines choses *par respect pour ses parents*. Ces personnes s'empêchent de vivre pleinement leur vie par fidélité aux principes de leurs parents.

• • •

« Une dette asservit tout homme libre. »

PROVERBE LATIN

• • •

On peut également contracter ce type de dette vis-à-vis d'un employeur, d'un ami, d'un amant, d'un enfant... Chaque fois qu'une personne fait quelque chose que l'on considère comme important pour nous, nous contractons ce type de dette psychologique. Et chaque dette est comme le fil d'une toile d'araignée dans laquelle on se prend. Ces dettes réduisent notre liberté au point que, parfois, nous oublions totalement d'être nous-mêmes. Nous finissons par être ce que tous nos créanciers veulent que l'on soit.

Ces dettes psychologiques ne seraient pas dérangeantes, si elles ne nous empêchaient pas d'avancer et de faire nos propres choix. Pourtant ce n'est pas parce qu'une personne nous rend service, qu'elle nous adresse son amour, qu'elle nous apporte son aide ou contribue à notre réussite que nous lui devons pour autant quoi que ce soit. Les personnes agissent pour elles-mêmes. Toute action doit être par nature désintéressée. On ne saurait agir pour le bien d'un autre pour ensuite s'arroger le droit de contrôler sa vie.

• • •

La dette envers les ancêtres

On ne croit être possédé que par des dettes contractées avec des personnes vivantes. Pourtant il existe une dette inconsciente, bien plus puissante encore, c'est celle que l'on croit avoir contractée à l'égard de ses ancêtres.

Cette dette peut nous empêcher de quitter notre ville natale, d'exercer tel ou tel métier qui était vu comme dévalorisant ou encore d'avoir un style ou un niveau de vie qui serait différent des gens de notre lignée.

Cela se passe autant dans des familles de paysans que dans des familles d'aristocrates, autant dans des familles de voyageurs que dans des familles de sédentaires... Nos ancêtres nous ont laissé en héritage une vision de l'existence.

Cet héritage nous a été transmis par nos gènes et par l'éduction. Même si personne n'en parle, même si personne ne la voit, la dette envers les ancêtres est un phénomène psychologique inconscient extrêmement puissant.

Celui qui veut être libre doit solder cette dette et ainsi se libérer. Solder sa dette commence toujours par avoir de la gratitude et de la reconnaissance envers ses ancêtres pour tout ce qu'ils ont fait pour nous.

Y succède un discours extrêmement ferme : je suis reconnaissant de ce que vous avez fait pour moi et j'ai de la gratitude envers vous mes ancêtres qui m'avez laissé un si bel héritage, mais le moment est venu de solder mes dettes. Je ne vous dois plus rien maintenant.

Je suis libre de choisir comment je dois vivre ma vie !

• • •

Beaucoup de gens ont fait des choses pour toi au cours de ton existence. Sans doute que des gens se sont montrés généreux à ton endroit. Mais pour autant, as-tu contracté une dette envers eux telle qu'elle t'impose aujourd'hui de limiter tes ambitions ou tes désirs, d'être pleinement toi-même et de conduire tes affaires comme tu l'entends ? Le passé doit-il compromettre l'avenir ? L'arbre ne donne pas de beaux fruits pour récompenser le jardinier. Il le fait parce que c'est sa nature profonde de fruiter !

- Ton professeur t'a transmis des connaissances,
- Ton employeur t'a rémunéré,
- Ton conjoint t'a soutenu,
- Tes parents t'ont aimé,
- Tes enfants ont pris soin de toi,
- Tes amis t'ont apporté leur aide.

Remercie-les pour avoir fait tout cela. Éprouve à leur endroit de la gratitude et de la reconnaissance. Dis-leur merci. Puis considère tes dettes comme définitivement soldées. Le temps est venu pour toi d'être toi-même. Tu as le droit de conduire tes affaires comme tu l'entends. Tu es libre de choisir ton métier, ta manière d'aimer, de gérer ta famille, d'éduquer tes enfants (ou de ne pas en avoir, si cela est ton souhait !), de choisir tes amis, etc. Il n'y a qu'à toi-même que tu dois rendre des comptes.

• • •

Un étrange paradoxe

Les temps sont rudes, le pays a contracté une dette importante, tout le monde vit à crédit.

Un riche touriste étranger arrive. Il arrête sa berline rutilante devant l'hôtel de la ville et entre à la réception.

Il pose un billet de 500 euros sur le comptoir et demande à voir les chambres disponibles afin d'en choisir une pour passer le week-end.

Pour 500 euros, le propriétaire de l'établissement lui donne toutes les clés et lui dit de choisir la chambre qui lui plaira.

Dès que le touriste a disparu dans l'escalier pour aller visiter les chambres, l'hôtelier prend le billet de 500 euros, file chez le boucher voisin et règle la dette qu'il a contractée envers celui-ci.

Le boucher se rend immédiatement chez l'éleveur de porcs à qui il doit 500 euros et rembourse sa dette.

L'éleveur, à son tour, s'empresse de régler sa facture à la coopérative agricole où il se ravitaille en aliments pour le bétail.

Le directeur de la coopérative se précipite au café pour régler son ardoise.

Le barman glisse le billet au prostitué qui lui fournit ses services à crédit déjà depuis un moment.

Le garçon, qui occupe à crédit les chambres de l'hôtel avec ses clients, court acquitter sa facture chez notre hôtelier, qui pose le billet sur le comptoir, là où le touriste l'avait posé auparavant.

Le touriste redescend l'escalier, annonce qu'il ne trouve pas les chambres à son goût, ramasse son billet et s'en va.

Personne n'a rien produit ! Personne n'a rien gagné ! Mais plus personne n'a de dette !!!

TON DÉFI

Prends conscience de ce que tu donnes

Commence par identifier une personne à qui tu penses devoir quelque chose. Pour reconnaître cette personne, il suffit de te demander quelle personne exerce une forme d'emprise sur toi ? Quand elle te demande quelque chose, tu as des difficultés à lui dire « Non ». Tu te sens toujours obligé de lui rendre visite, de lui rendre des services, de te montrer amical avec elle, de satisfaire son besoin, bien que parfois tu n'en aies pas envie. Mais tu te forces à le faire parce que tu as le sentiment d'être redevable.

Note ici le nom de cette personne : ....
....

Note ici ce que cette personne a fait pour toi : ....
....
....
....

Regarde maintenant ce que toi tu as fait pour cette personne en contrepartie de cette dette. Note ici tout ce que tu as fait pour cette personne : ....
....
....
....

Parviens-tu à voir que ce que tu as fait pour elle a autant de valeur que ce qu'elle a fait pour toi ? ☐ Oui ☐ Non ☐ Peut-être
Si la réponse est « Non », est-ce que tu ne sous-estimes pas ce que tu as fait pour cette personne : ☐ Oui ☐ Non ☐ Peut-être

Pour terminer, rappelle-toi que les personnes agissent toujours d'abord pour elles-mêmes. Si elles font quelque chose, c'est parce qu'elles ont décidé de le faire. Elles n'ont pas le droit de demander ensuite quelque chose en retour sauf si c'était prévu dans le pacte initial.

BRAVO POUR CE NOUVEAU DÉFI !

Fais les choses différemment

. . .

. . .

Pour atteindre tes objectifs, tu vas devoir apprendre à *faire* certaines choses différemment. En faisant les choses différemment, tu obtiendras aussi des résultats différents. Les beaux fruits de la vie attendent que tu les dégustes. Mais ces fruits sont rarement immédiatement accessibles. Pour attraper les cerises, l'enfant monte dans l'arbre et le vieil homme monte à l'échelle ! Que risque-t-il de se passer si l'enfant s'amuse à monter sur l'échelle et que le vieil homme tente de s'accrocher aux branches pour escalader ?

Je me suis souvent interrogé sur les raisons qui faisaient que certaines personnes avaient des vies heureuses et d'autres des vies malheureuses. Bien sûr, il y a le hasard, la chance ou la malchance qui s'abat parfois sur la vie des gens. Peut-être même qu'il existe des anges gardiens ? Mais, si on y réfléchit bien, la malchance est souvent causée par de mauvaises habitudes. Ces mauvaises habitudes sont liées à des "croyances" sur la manière dont le monde fonctionne. Ces "croyances" sont trompeuses.

. . .

« Errare humanum est, perseverare diabolicum. »*

. . .

Les "croyances" sont les racines des habitudes. Vous pouvez facilement reconnaître une "croyance". Elle commence toujours par « il faut… » ou « il ne faut pas… »

- Il faut se laver les dents le matin si l'on veut avoir une bonne haleine,
- Il faut travailler si on veut réussir dans la vie,
- Il faut mettre de la crème solaire si on ne veut pas attraper un coup de soleil,
- Il faut faire du sport si on veut être en bonne santé,
- Il faut voyager si l'on veut développer sa culture générale,
- Il faut aller à l'école si l'on veut avoir un bon métier plus tard.

Le problème avec les "croyances" est qu'elles sont systématiques. Les gens pensent qu'ils doivent **toujours** faire ceci ou cela. Comme ils pensent qu'ils doivent **toujours** faire ceci ou cela, ils le font **toujours,** même quand justement leurs "croyances" sont inadaptées. Certes travailler est une manière de progresser dans la vie, mais travailler beaucoup ne sert à rien si on ne possède pas de solides compétences. Le balayeur travaille sans doute aussi dur que le PDG, mais l'un gagne cent fois plus que l'autre.

. . .

– Combien de psychiatres faut-il pour changer une ampoule ?
*– Un seul, mais il faut que l'ampoule ait **vraiment** envie de changer.*

. . .

Le monde change en permanence et certaines "croyances" à l'origine de certains de vos comportements deviennent peu à peu inadaptées. Cela se fait sans que vous en ayez conscience. Du coup certaines croyances, certaines habitudes, qui

---

* L'erreur est humaine, persévérer est diabolique.

étaient efficaces et apportaient des bonnes choses par le passé, n'apportent plus rien de bon dans le présent et apporteront encore moins de choses bonnes dans l'avenir. Très souvent, les gens ne voient pas que le monde a évolué. Parfois, ils refusent de le voir.

C'est ce qui se passe chez certaines personnes qui vieillissent. Quand elles avaient 20 ans, elles faisaient de la course à pied trois fois par semaine, courant jusqu'à vingt kilomètres de distance. Arrivées à 40 ans, elles continuent de pratiquer la course à pied à la même fréquence. Elles se plaignent alors d'avoir mal aux genoux ou aux chevilles et s'étonnent quand, après un examen médical approfondi, leur médecin diagnostique que leurs articulations sont usées... Et pourtant elles continuent...

Quelques années après encore, leurs douleurs deviennent chroniques. Elles souffrent d'arthrose et doivent prendre un lourd traitement pour supporter les crises. Elles accablent alors le sort qui s'acharne sur elles et désespèrent de ne plus pouvoir pratiquer leur sport favori. Ces personnes n'ont simplement pas compris que le corps humain s'use et qu'on ne doit pas pratiquer de la même façon des sports comme le jogging à 20, 40, 60 ou 80 ans... Le monde change... Et nous-mêmes, nous changeons !

• • •

« Si tout le monde avait été contre l'évolution, on serait encore dans les cavernes à téter des grizzlys domestiques. »

BORIS VIAN

• • •

La seule manière de résoudre cette difficulté est d'abandonner ses "croyances" néfastes et d'en adopter de nouvelles. Il faut à nouveau apprendre ! Oui apprendre, de la même manière qu'un enfant doit apprendre un certain nombre de comportements pour être éduqué. Toute sa vie, on doit apprendre. On intègre de nouvelles "croyances" qu'on remise une fois qu'elles sont devenues inutiles et on en acquiert de nouvelles plus utiles, plus fines et plus adaptées. Tel est le destin de tout être humain qui veut être heureux !

Cette capacité à se remettre en question, à faire évoluer sa manière de voir le monde, à faire évoluer ses préjugés est un signe d'intelligence. Toi qui es en train de te construire un nouvel avenir, quelles sont donc ces croyances que tu devrais abandonner ? Quelles sont ces manières de penser, ces habitudes qui bloquent ton évolution, qui t'apportent des émotions négatives ou qui font survenir dans ta vie des évènements néfastes. Identifie-les et abandonne-les. Une nouvelle vie va commencer !

TON DÉFI

Apprends à faire trois choses différemment

Commence par noter quelles sont les trois habitudes que tu as prises et qui t'apportent souvent de mauvaises expériences :

1 : ....
....
....
2 : ....
....
....
3 : ....
....
....
....

Essaie maintenant d'imaginer comment tu pourrais faire différemment dans ces situations pour ne plus avoir à subir ces mauvaises expériences :

1 : ....
....
....
2 : ....
....
....
3 : ....
....
....

BRAVO POUR CE NOUVEAU DÉFI !

Fais de la Terre ta maison

• • •

« Le plus beau voyage est celui qu'on n'a pas encore fait »

LOÏC PEYRON

• • •

Le voyage est une aventure. C'est une manière de découvrir des paysages incroyables, des cultures fascinantes, des espèces animales ou végétales étonnantes. La Terre est un paradis peuplé de millions d'espèces, plus curieuses les unes que les autres. L'émerveillement, le questionnement, la découverte, sont autant de plaisirs qu'offre le voyage. Voyager, c'est ouvrir son âme. C'est lui donner des perspectives. C'est se donner l'occasion de rêver. Il faut juste oser s'aventurer dans des endroits qu'on ne connaît pas.

Je voudrais, si tu es d'accord, t'emmener faire le tour de la Terre. Je te donnerai la main et pendant que ton corps resterait là en position assise, tenant cette fragile feuille de papier entre tes doigts, respirant doucement alors que tes yeux lisent, nos esprits s'envoleraient très haut et très loin pour faire ce grand voyage. Nous partirions visiter la planète bleue, notre maison. Nous irions d'abord au Sud, à l'Est, puis vers l'Ouest et au Nord. Et chaque fois, nous rapporterions de merveilleux souvenirs de ces échappées.

Au sud se trouve l'Afrique, avec son immense désert de dunes jaunes le jour et blanches la nuit qu'on appelle le Sahara. C'est ce désert que les aventuriers de l'aéropostale survolaient avec de drôles de lunettes sur le nez dans leur coucou. Plus au sud encore, se trouvent les terres où paissent les troupeaux de zèbres, de buffles et de gnous. C'est le Masai Mara, la terre du roi lion, des hyènes et des hippopotames. Plus au sud encore, on trouve un océan bleu foncé qui mène au pôle Sud, le pays du Manchot empereur.

• • •

« Quand j'étais en Afrique, j'ai tué un éléphant en pyjama.
Comment un éléphant a-t-il fait pour mettre un pyjama...
Je ne saurai jamais ! »

GROUCHO MARX

• • •

Vers l'Est, on trouve la grande Russie avec ses chaînes de montagnes, ses steppes recouvertes de neige et ses immenses forêts. Au centre se trouve le lac Baïkal, où Sylvain Tesson, l'aventurier écrivain réfugié dans une cabane, vint écrire, à la chaleur du poêle, son chef-d'œuvre *Dans les forêts de Sibérie*. Plus à l'Est encore se trouve la Mongolie, avec ses chevaux nains et ses tribus nomades qui vivent l'année durant dans des yourtes. Et en allant plus à l'Est encore, on trouve en traversant la mer : la péninsule du Japon.

En traversant ces terres, nous sommes marqués par les visages, tous différents. La forme des yeux, la teinte de la peau, l'intention qui s'en dégage. Ici on sourit. Ici on ne dit rien. Là, au contraire, on chante et on crie. Les vêtements, les maisons, les habitudes de vie... Comme une forêt vierge où s'épanouissent mille espèces différentes, sur la surface de la Terre s'épanouissent mille cultures différentes, mille manières de voir, de penser, de prier, d'avoir peur et d'être heureux. Nous rentrons ivres de ces différences.

• • •

« La Russie est un rébus enveloppé de mystère au sein d'une énigme. »

WINSTON CHURCHILL

• • •

Vers l'Ouest se trouve l'Océan, avec l'Islande et ses paysages qui semblent dater de l'époque de la création du monde. Plus loin, il y a le Groenland et sa banquise qui fond. Et plus loin encore les Amériques. Nous visitons le Canada et l'Alaska, la terre du grizzli solitaire et du terrible Carcajou. En survolant le Yukon, nous avons une pensée pour Jack London, parti chercher de l'or à moins que ce ne soit l'inspiration, et qui écrivit sur ces terres désolées des romans aussi célèbres que *Croc Blanc* ou *L'appel de la forêt*.

Et en dessous du Canada, il y a le pays de l'oncle Sam avec des villes aussi impressionnantes que San Francisco, avec sa terrible prison d'Alcatraz, Los Angeles et les studios d'Hollywood et New York et son Empire State Building sur lequel s'amuse à grimper King Kong. Oh Broadway ! Times Square ! Central Park ! Vos lumières et votre agitation me manquent ! Je vous quitte plein de souvenirs en chansons. *Mary Poppins*, *The Lion King*... Je ne sais plus si je suis dans une ville ou dans un film. Je plane complètement !

• • •

« *L'Amérique est la seule nation idéaliste du monde.* »

THÉODORE WILSON

• • •

Au Nord, on trouve les terres glacées de la Norvège, de la Suède et de la Finlande et plus au Nord encore le cercle arctique. Durant l'hiver, on y observe un étrange phénomène, fait de miroitements aux accents verts qu'on appelle des aurores boréales. C'est le pays des dieux vikings, Thor ou Odin. Que de légendes attendent le voyageur qui s'attarde dans ces lointains pays, autant émerveillés par la blondeur et les yeux bleus des autochtones, que par les fjords, le soleil de minuit et les aurores boréales.

Avez-vous déjà vu une aurore boréale ? C'est un phénomène étrange qui se produit la nuit en hiver. Sur le ciel tapissé d'étoiles, voilà qu'apparaissent soudain de longues traînées d'un vert clair. C'est comme un miroitement ! On dirait de la dentelle de lumière dans le ciel ! Une aurore boréale est un spectacle totalement magique. Il fait froid, mais on ne sent rien. Les pieds dans la neige, on regarde comme un gamin ce truc se déplacer dans le ciel. On est juste émerveillé. On a juste envie de rester longtemps.

• • •

« L'aurore boréale est née sur la grande banquise là-bas vers l'est derrière les montagnes qui ferment l'entrée du fjord. Elle a grandi tout au travers du ciel, en rubans et en franges, jusqu'au désert de glace là-bas vers l'ouest, derrière Nartidok. Vivante comme une étoffe, comme une chair, c'est l'âme, le cœur de la nuit. Elle bat, elle frémit, elle souffre, elle pleure, elle rit. Parfois elle dort, inerte, et tout à coup elle se réveille, et ses joues deviennent roses. Elle ouvre les yeux et ses yeux sont bleus. Puis, quand elle est fatiguée de jouer, elle meurt pour renaître derrière la grande banquise que cachent les montagnes de l'entrée du fjord. »

PAUL-ÉMILE VICTOR

• • •

Ce livre est trop petit pour contenir le monde. Je n'ai pas parlé ici de maints pays enchanteurs comme la Chine, la Birmanie, la Thaïlande ou encore Bali. Et que dire de l'Australie, ce pays continent dont on peut faire le tour en voiture : *le pays où chaque animal veut vous tuer* ! Et comment ne pas évoquer l'Amérique du Sud, ses chaînes de montagnes, ses forêts vierges, sa musique, ses favelas et ses récits de gangsters et de complots de la CIA. Colombie, Brésil, Argentine, que de terres riches et inexplorées.

• • •

Le lion et la paire de baskets

Deux touristes qui se promènent dans la brousse sans arme voient tout à coup venir à leur rencontre un lion en quête d'un bon repas.

L'un des deux ouvre immédiatement son sac et commence à chausser ses baskets.

– Tu es fou, lui dit l'autre, tu ne penses tout de même pas que tu vas courir plus vite que le lion.
– Bien sûr que non, mais je voudrais courir plus vite que toi.

• • •

Nous voilà revenus de ce voyage aux quatre coins du globe, enrichis et pleins de rêves et d'aspirations à faire de nouvelles découvertes. Si tu as encore envie de voyager, nous pourrions alors faire un autre voyage, beaucoup plus près, recelant peut-être encore beaucoup de choses à découvrir. On l'appelle le voyage intérieur. C'est un voyage à travers ses idées, ses sentiments, ses souvenirs et ses aspirations. Et ce voyage est aussi précieux. Une autre fois, je t'emmènerai si tu veux.

TON DÉFI

Planifie les voyages que tu aimerais faire

Liste ici par ordre de priorité les pays que tu aimerais visiter, et programme des voyages en indiquant la date :

1. .... Je ferai ce voyage le : ....
2. .... Je ferai ce voyage le : ....
3. .... Je ferai ce voyage le : ....
4. .... Je ferai ce voyage le : ....
5. .... Je ferai ce voyage le : ....

Liste ici, dans ton pays, les endroits que tu aimerais visiter :

1. .... Je ferai ce voyage le : ....
2. .... Je ferai ce voyage le : ....
3. .... Je ferai ce voyage le : ....
4. .... Je ferai ce voyage le : ....
5. .... Je ferai ce voyage le : ....

BRAVO POUR CE NOUVEAU DÉFI !

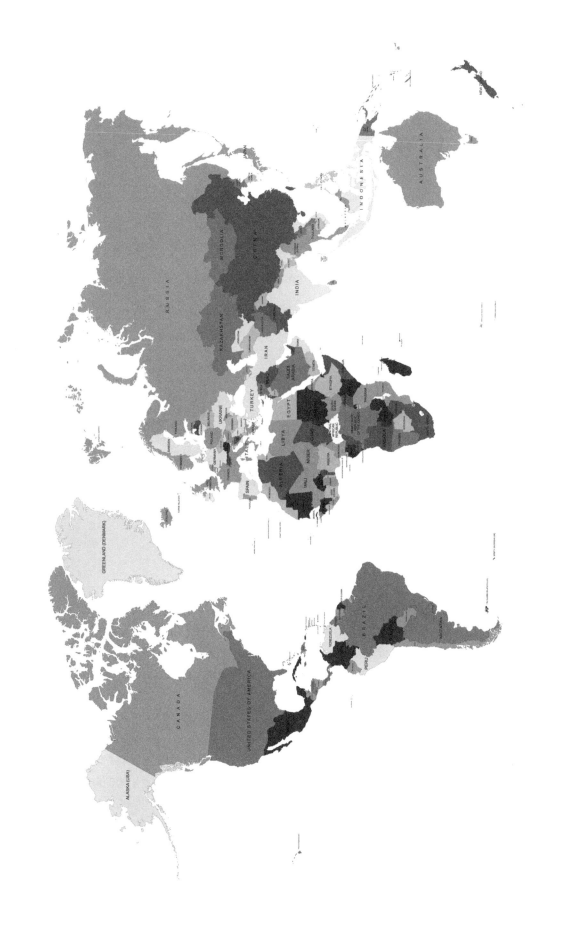

Fais plein d'enfants

*« Mieux vaut transmettre un art à son fils que
de lui léguer mille pièces d'or. »*

PROVERBE CHINOIS

Le but de la vie est de transmettre... On vit pour soi, pour être heureux, mais à quoi cela servirait-il de vivre heureux si ce n'était pour transmettre quelque chose aux autres gens. On cherche à être heureux, certes pour ressentir ce joli sentiment, mais aussi pour devenir un exemple à suivre. Tous ceux qui cherchent le bonheur et ont la chance de pouvoir l'approcher – le bonheur est farouche – sont des guides qui montrent le chemin. Ils sont là pour dire : « hey les gars venez !!! Apparemment le bonheur c'est par là ! »

Le respect de soi, le désir de vivre en harmonie, la volonté de progresser, l'aspiration à se réaliser dans un métier et à exploiter pleinement ses talents, l'empathie et l'altruisme, n'est-ce pas tout cela qui conduit au bonheur ? Et si on y parvient, par chance ou grâce à ses efforts, ne doit-on pas chercher à transmettre ce que l'on a vécu et appris ? Pourrions-nous garder secrètes des connaissances aussi précieuses ? Bien sûr que non ! Car plus une connaissance a de la valeur et plus elle mérite d'être partagée avec tous.

J'appelle *enfants* tous les êtres à qui l'on cherche à transmettre cette connaissance. Ce ne sont pas forcément des enfants biologiques (cela peut l'être bien-sûr), ce sont des personnes à qui l'on transmet des connaissances ou des enseignements. Et cette transmission permet à ces personnes de s'élever et de devenir meilleures. Cette connaissance et ces enseignements doivent leur permettre de se rapprocher, pas à pas, du bonheur. À mon sens, cela fait partie du but de la vie que de donner sans rien attendre en retour.

Il m'est arrivé de rencontrer à plusieurs reprises des hommes et des femmes qui n'avaient pas ce goût pour la transmission. Ces êtres n'étaient mus que par le désir de satisfaire leur égo. Ils ne pensaient qu'à leur propre réussite et ne voulaient rien partager. Ils avaient peur qu'en partageant leurs savoirs, leur pouvoir, leur fortune ou leurs réseaux, ils seraient dépassés puis écartés. Ils craignaient de perdre ce pour quoi ils s'étaient si longuement battus. Je pouvais lire cette peur dans leurs yeux. Et ils souffraient, c'était visible.

• • •

« L'enfant reste un être fait de soi et de celui qu'on a aimé,
il a pour mission de transmettre ce qu'il a reçu. »

CATHERINE BERGERET-AMSELEK

• • •

Je voudrais si tu es d'accord que tu te poses ces questions :

- Que pourrais-je transmettre aujourd'hui ?
- Quelles connaissances je possède que les autres ne possèdent pas ?
- Quelles expériences ai-je vécues que les autres n'ont pas vécues ?
- Qu'est-ce que je sais faire et que les autres savent moins bien faire que moi ?
- Quelles sont les qualités et les défauts qui me rendent unique ?
- Et en quoi ces qualités et ces défauts pourraient être utiles ?

Cela va te demander un peu d'introspection. Et tu pourrais sinon pour t'aider poser la question à un proche qui pourrait ainsi te donner un avis extérieur. Pose la question à une personne positive, avec laquelle tu te sens bien, une personne qui ne t'a jamais critiqué ouvertement. Pose la question à une personne de confiance, qui a acquis une forme de sagesse et qui pourrait faire office de miroir. Et ainsi tu enrichiras la vision que tu as de toi-même. Et tu pourras alors te poser de nouvelles questions pour approfondir.

- Qu'as-tu fait de l'héritage de tes ancêtres ?
- Qu'as-tu fait de l'héritage de tes parents ?
- Comment as-tu réussi à en faire quelque chose d'utile, de beau, de précieux qui puisse maintenant être transmis ?

Certaines personnes penseront peut-être qu'elles n'ont jamais rien fait de bien, qu'elles n'ont rien de spécial et qu'elles ne savent rien faire de particulier. À ces personnes, je rétorquerais que tout le monde sait faire quelque chose d'intéressant, c'est juste qu'elles ont chaussé *les mauvaises lunettes du dénigrement de soi*. J'inviterais ces personnes, avec bienveillance mais fermeté, à chausser *les bonnes lunettes du respect de soi*, qui leur donnent une image lumineuse d'elles-mêmes, car elles ont aussi une lumière cachée.

- L'alcoolique peut enseigner aux jeunes gens à se détourner de ce breuvage dangereux pour le corps et l'esprit ;
- Le délinquant peut distraire par ses histoires et enseigner en même temps à d'autres gens à quel point ce mode de vie conduit à une impasse ;
- Le fainéant peut apprendre aux autres comment ne pas faire d'efforts inutiles et les pousser à imaginer des solutions pour se faciliter la vie ;
- Celui qui a échoué dans tout et qui se considère sans valeur peut renverser la table et montrer aux autres gens les erreurs qu'il ne faut pas commettre.

Tous ceux qui parmi vous ont emprunté de mauvais chemins, qui se sont trompés, qui ont souffert, qui ont fait souffrir d'autres gens. Tous ceux d'entre vous qui se considèrent comme des misérables, comme des rebuts ou des êtres inutiles, je vous invite à prendre conscience que tous ces errements sont plus précieux que tout, car ils peuvent vous permettre d'enseigner ce qu'il ne faut pas faire. Tu peux faire en sorte que d'autres ne reproduisent pas les mêmes erreurs que toi et ainsi contribuer au bonheur des autres.

Si tu es dans ce cas, chausse de nouvelles lunettes. Retourne la situation, regarde de l'autre côté du miroir. Tu verras alors à quel point ce que tu as vécu, les expériences que tu as eues, est précieux pour les autres. Tu cesseras de regarder ton nombril pour devenir un sage et enseigner aux autres. Et ainsi tu verras ta vie changer. Au lieu de continuer de souffrir et d'errer, tu trouveras ta voie. Tu sauras quelle est ta vraie place, celle de celui qui s'étant trompé a pour destinée d'éviter aux autres de se tromper.

TON DÉFI

Transmets ta connaissance

Dans quel domaine possèdes-tu une connaissance particulière ? ....
....
....
....
....

À qui est-ce que tu aimerais transmettre en priorité cette connaissance ? ....
....
....
....
....

Comment pourrais-tu t'y prendre pour transmettre cette connaissance ? Quel serait le meil-
leur moyen ? ....
....
....
....

En quoi la vie de ces personnes serait-elle meilleure après que tu leur as transmis cette
connaissance ? ....
....
....
....

Quand pourrais-tu commencer à transmettre ? ....
....
....
....

BRAVO POUR CE NOUVEAU DÉFI !

Construis ton propre bonheur

• • •

"Le bonheur veut tout le monde heureux."

• • •

Tout ce que tu vas faire maintenant devrait t'aider à prendre du plaisir dans chaque chose que tu bois et que tu manges et dans chaque relation que tu as avec tes proches. Tout ce que tu vas faire maintenant va consister à transformer la vie en nourriture et à voir chaque seconde comme un carré de chocolat. Chaque jour est comme un verre d'eau fraîche quand tu as soif, comme un copieux repas quand tu as faim, comme un long et profond sommeil quand tu as sommeil. Chaque jour est une réponse à ce que tu attends.

• • •

Transcription d'une communication radio entre un bateau de la US Navy et les autorités canadiennes au large des côtes de Terre-Neuve en octobre 1995.

Américains : Veuillez vous dérouter de 15 degrés nord pour éviter une collision. À vous.
Canadiens : Veuillez plutôt VOUS dérouter de 15 degrés sud pour éviter une collision. À vous.
Américains : Ici le commandant d'un navire des forces navales américaines. Je répète : Veuillez modifier VOTRE cap. À vous.
Canadiens : Non, veuillez VOUS dérouter je vous prie. À vous.
Américains : ICI C'EST LE PORTE-AVIONS USS LINCOLN, LE SECOND NAVIRE

— 173 —

EN IMPORTANCE DE LA FLOTTE NAVALE DES ÉTATS-UNIS D'AMÉRIQUE. NOUS SOMMES ACCOMPAGNÉS PAR TROIS DESTROYERS, TROIS CROISEURS ET UN NOMBRE IMPORTANT DE NAVIRES D'ESCORTE. JE VOUS DEMANDE DE DÉVIER DE VOTRE ROUTE DE 15 DEGRÉS NORD OU DES MESURES CONTRAIGNANTES VONT ÊTRE PRISES POUR ASSURER LA SÉCURITÉ DE NOTRE NAVIRE. À VOUS. **Canadiens :** ICI, C'EST UN PHARE. À VOUS (Histoire VRAIE !!!).

• • •

Tes actions devront aussi t'apporter plus de sécurité : plus de sécurité financière, de sécurité affective et une bonne santé !!! Car c'est parce que l'on se sent en sécurité que l'on s'autorise à prendre des risques. Une vie sécurisante n'est pas forcément une vie tranquille. C'est une vie où au contraire on accepte de sortir de sa zone de confort parce que l'on sait qu'il existera toujours un socle sur lequel on pourra reposer. Personne ne saute d'un avion sans avoir l'assurance d'avoir un parachute accroché dans son dos.

• • •

« C'est la volonté qui créera l'harmonie intérieure de votre âme. »

ARISTIDE QUILLET

• • •

Tes actions devront t'apporter des relations plus positives et plus harmonieuses avec les autres. Écarte-toi des personnes toxiques ou malveillantes. Écarte-toi des personnes qui prennent du plaisir à se plaindre et qui créent des conflits. Ces personnes te créeront plus de problèmes qu'elles ne t'apporteront de bénéfices. Si tu aimes la rapidité, écarte-toi des personnes trop lentes. Si tu aimes la lenteur, écarte-toi des personnes trop rapides. Cherche la proximité, le respect et l'amour dans tes relations.

• • •

« Les Défis : ils vous gardent jeunes. »

ELVIS PRESLEY

. . .

Tes actions devront être orientées vers l'accomplissement de ton être. Relève des défis pour stimuler en toi les forces de la vie. Pour te sentir vivant, sors de ta zone de confort, va, découvre, explore ! Sois comme l'enfant que tu étais, pour qui tout était curiosité et aventure ! Rappelle-toi qu'un jour tu as appris à marcher et que chaque nouveauté t'invite à apprendre encore ! Tu as devant toi de nouvelles expériences à oser, car chaque fois que tu oses, tu sens en toi vibrer la corde de la vie et tu entends sa musique.

. . .

« Confronter ses propres peurs et les vaincre est le commencement de la réalisation de soi. »

ESTHER JOHNSON

. . .

Tes actions devront t'aider à te réaliser. Se réaliser, c'est devenir quelqu'un. C'est agir en cohérence avec ses valeurs. C'est exercer un métier, vivre dans un couple, exercer ses responsabilités de parent, de frère, de sœur ou d'ami dans le respect de ce qui nous semble juste. Se réaliser c'est devenir ce qu'on aspire à devenir… *La vie est une magnifique vague d'eau bleutée et l'âme la longue et légère embarcation qui la chevauche à toute allure pendant que les passagers crient Waouh !*

. . .

Énigme

Je commence dans l'éternité,
Je termine dans l'espace,
Je suis dans la terre dans l'eau et dans l'atmosphère,
Et dans chaque palace,
Absent des rois mais présent chez les reines,
Seule je ne suis rien, mais sans moi rien ne pourrait être.

La lettre (e)

• • •

Tes actions seront orientées vers l'éternité : laisser une petite trace, même légère, sur le sable de l'existence. Qu'il est bon de sentir que son existence ne sera pas vaine, qu'elle constitue un maillon semblable à tous les autres maillons qui permet à la vie de se poursuivre. Cherche dans tes actes à laisser une trace, même minime, mais positive. Ce sera ton héritage, ton don le plus précieux qui te permettra, le moment venu, de quitter ce monde avec la fierté d'avoir accompli quelque chose de bon pour le reste de l'humanité.

• • •

« Le vrai matérialiste, plus il descend dans la matière,
plus il exalte la spiritualité. »

GEORGES BRAQUE

• • •

Et tes actions viseront aussi à satisfaire ce besoin profond, qu'il y a en tout homme et en toute femme, de spiritualité. Le monde n'est pas fait que de matière et de sciences. Il est aussi fait de rêves et de mystères, d'imaginaire et d'invisible, de questionnements et d'infinis... Le monde est peuplé de sentiments, d'impressions, d'intuitions qui ne trouvent nulle part une explication rationnelle en dehors du sens que tu choisis de leur donner. Donne de la profondeur à tes actes et à tes pensées. Relie-les à l'invisible !

Les sept lions

On raconte qu'en chaque être humain vivent sept lions :

Le premier lion a faim de nourriture, d'eau et d'amour. C'est le lion originel qui satisfait nos besoins les plus primaires et les plus essentiels à la survie.

Le deuxième lion a faim de sécurité. C'est le lion qui a peur des flammes, qui protège sa vie et celle de sa famille.

Le troisième lion a faim de relations. C'est le lion qui aime évoluer au sein de la horde, y trouver sa place et y exercer son rôle.

Le quatrième lion a faim de défis. C'est le lion qui s'aventure loin de son territoire, qui explore, grimpe aux arbres et ose s'attaquer aux éléphants.

Le cinquième lion a faim d'être lui-même. Il veut être un lion et il cherche donc à se comporter comme un lion, tel est son honneur de roi de la savane.

Le sixième lion a faim d'éternité. Il veut laisser sa trace dans la mémoire des autres lions, qu'on se souvienne de lui au-delà de sa mort.

Le septième lion a faim d'invisible. Il cherche à entrer en relation avec les êtres ou les phénomènes qu'il ressent, mais qu'il ne peut voir, ce qu'on nomme spiritualité.

Toi qui lis ce livre, quel lion as-tu envie de nourrir en premier ?

Épilogue
Tu es devenu un arbre maintenant

. . .

« Lire un livre sous un arbre en double le plaisir.
On ne sait plus si on tourne les pages ou si on feuillette l'arbre. »

JEAN CHALON

. . .

Tu es devenu un arbre maintenant.

Tu as reconnu tes racines. Tu sais que tu es un enfant de la grande histoire d'*Homo sapiens*. Tu es l'enfant de l'enfant de l'enfant... Tu sais voir au-delà des apparences. Tu as compris que chercher à te distinguer des autres espèces était vain. Car nous avons tous la même racine : une force, une énergie, une intention, qui, il y a plusieurs milliards d'années, par un phénomène mystérieux, donna vie à la matière. Cette intention est ce qui te porte en avant comme l'eau de l'océan et le vent portent le voilier.

Tes racines sont longues et tes ancêtres sont nombreux. Tu es le fruit de leurs efforts, de leur courage et de leur volonté. Tu es le fruit de leurs capacités à prendre des bonnes décisions, à coopérer, à s'entraider, à travailler... Tu es le fruit de leur soif de vivre et de progresser. Aussi, tu es un être précieux. Tu es le diamant brut taillé par le temps, poli par les forces de la nature et qui resplendit à la lumière du soleil de mille feux. Tu es comme les chutes d'Iguaçu, un chef d'œuvre de la nature. Tu es la graine émergée du fruit.

Tu parles avec des mots qui ont plus de mille ans. Tu penses avec des idées nées dans les plus grands esprits. Quand tu penses, je reconnais en toi les pensées de Confucius, de Socrate, de Voltaire, de Sartre et de Siddhârta Gautama, le grand

Bouddha. Sois fier des idées qui traversent ton esprit. Elles sont la dentelle d'une matière symbolique, longuement sculptée à travers les débats, la réflexion et la confrontation au réel, qu'on appelle la culture. Ton esprit est habité par tous les gens illustres qui t'ont précédé.

Et tu peux aussi te rappeler qu'en toi, il y a l'homme et la femme qui apprirent à domestiquer le cheval, qui inventèrent l'agriculture et la roue. En toi, il y a l'homme et la femme qui dessinèrent les plans des pyramides d'Égypte et de la cité du Machu Picchu. En toi, il y a l'homme et la femme qui découvrirent les Amériques, inventèrent l'électricité, l'automobile et les vaisseaux spatiaux. Tu es cette même personne. Si tu crois qu'il y a une différence, c'est juste à cause de l'illusion de l'espace et du temps.

Tu portes une lourde responsabilité. Ressens son poids sur tes épaules. Tu as pour mission de transmettre aux générations suivantes les précieuses connaissances acquises par l'humanité. C'est toi qui portes cette sagesse millénaire, qui n'a jamais été écrite sur aucun parchemin. Pour la simple et bonne raison, que le parchemin c'est toi. Tu es un messager, élu par la nature pour transmettre les plans du corps humain. Tu es un messager choisi par ton peuple pour transmettre ses découvertes et ses traditions.

Et toi aussi, tu écris dans *le grand livre de la culture*. Toi aussi tu cherches, en cherchant à améliorer ton sort, à améliorer le sort de tous les autres. En agissant pour créer la meilleure version de toi-même, tu permets à l'humanité entière de progresser. Tu contribues au destin commun. Avoir une vie heureuse et harmonieuse, vivre à l'abri des maladies et des désastres et ne plus avoir peur pour avoir le temps d'apprendre et d'enseigner, n'est-ce pas le sens de l'existence ? N'est-ce pas l'intention cachée de la *Vie* ?

Tes racines sont grandes et, chaque jour qui passe, tu continues à croître comme l'arbre qui croît à mesure que les années passent. Chaque épreuve, chaque défi, chaque difficulté, épaissit ton tronc. Chaque jour, tu t'élances avec plus de force et de conviction vers le ciel. Il te faut prendre conscience de cette somme colossale d'expériences que tu as acquises au cours de ta vie, de cette somme colossale de connaissances que tes ancêtres ont laissées à ta disposition et dont il te revient de faire un usage raisonné.

Chaque jour tu agis, tu penses, tu ressens. Tu es semblable à l'arbre dont le vent glisse dans les branchages, sur lequel tombe la pluie et qui parfois subit les assauts de la foudre. Les saisons passent, ponctuées de belles journées et d'intempéries. L'arbre impassible continue, quoi qu'il arrive, de pousser vers le ciel, comme toi tu continues à vivre et à chercher à t'améliorer. Tu poursuis ta croissance malgré les évènements dramatiques qui entachent parfois ton existence ou bouleversent ton destin.

À l'origine de cette croissance se trouve une incroyable poussée. Cette poussée qui vient des racines irradie tout l'arbre grâce à la sève qui innerve chaque branche, chaque bourgeon, chaque fleur. Chez l'être humain, on peut l'appeler désir de vivre. On peut l'appeler *Amour*. On peut l'appeler instinct. Il s'agit en fait de la manifestation pure et simple de la *Vie*. C'est une énergie couplée à une intention. Cette énergie incroyable s'exprime à travers un programme qui vise à ce que l'être s'accomplisse totalement.

Voilà qu'à force d'efforts et de persévérance, lorsque la maturité et la sagesse sont venues, au bout de tes branches, tu vois poindre de jolis fruits. Ces jolis fruits sont le produit de tout ton être. Ils viennent de la profondeur de tes racines (de tes lointains ancêtres), de la sève de ton tronc (de la somme de tes expériences, de ton énergie vitale) et de la force de tes branches (tes actions concrètes). Ces fruits sont simplement magnifiques. Ils renferment de nombreux trésors. Et ces trésors portent en eux le miracle de la *Vie*.

Comme ces fruits sont le résultat de tes efforts, qu'ils symbolisent le bonheur, il te revient de les goûter en premier. En étant toi-même, en cherchant à te réaliser, en exploitant tes véritables talents, en construisant ton avenir dans le respect de tes valeurs, tu as atteint le bonheur et tu es un exemple à suivre pour tous les autres. Les fruits sont le symbole de cet épanouissement personnel. Les arbres rabougris et contraints ne donnent pas de fruits. Seuls les arbres épanouis donnent de beaux fruits juteux !

Ces fruits sont ensuite destinés à ta communauté : tes proches, les gens que tu aimes, ceux avec qui tu travailles, les citoyens de ton pays, tes enfants, etc. Ces fruits sont la preuve que tu es utile aux autres et que tu contribues au bien-être de ta communauté. Toute vie qui ne viserait qu'un bonheur égoïste est vaine. Toute vie renfermée sur elle-même interdit l'accès au bonheur. Le bonheur vient du sentiment d'être utile et de participer à la grande aventure humaine. Telle est l'une des leçons cachées de ce livre.

Réalise tes rêves, accomplis-toi, cueille les jours du temps présent. Mais sois altruiste, car si tu regardes, jeune arbre, tu verras que, tout autour de toi, il y a une forêt.

Dr Émeric Lebreton
Château d'Hodebert, Pays de Racan
5 décembre 2020

Il était une feuille avec ses lignes

Ligne de vie

Ligne de chance

Ligne de cœur.

Il était un arbre au bout de la branche.

Un arbre digne de vie

Digne de chance

Digne de cœur.

Cœur gravé, percé, transpercé,

Un arbre que nul jamais ne vit.

Il était des racines au bout de l'arbre.

Racines vignes de vie

Vignes de chance

Vignes de cœur.

Au bout des racines il était la terre.

La terre tout court

La terre toute ronde

La terre toute seule au travers du ciel

La terre.

IL ÉTAIT UNE FEUILLE, ROBERT DESNOS

LES ADAGES À MÉMORISER

. . .

Ton existence est un vrai miracle !

Un arbre ne se fâche pas avec ses racines !

Tu sais d'où tu viens et toi seul décides où tu vas.

Même les serpents ou les araignées sont tes frères et tes sœurs. Ils sont la *Vie*.

Une forme de joie, oui voilà peut-être la définition la plus précise de ce qu'est la *Vie*.

À quoi bon pleurer un disparu s'il est là, si l'on peut sentir à travers la fine barrière du temps sa présence.

Dans un puits, on vient puiser de l'eau fraîche et désaltérante pour étancher sa soif. Dans sa mémoire, on vient puiser la force de relever les défis du temps présent, de sortir de sa zone de confort et d'oser !

En toi, il y a un singe qui rit !

Les êtres humains se caractérisent par la résilience, cette capacité à tirer leur force des épreuves les plus difficiles.

L'altruisme est la source de la transcendance par le sens.

On ne peut pas vivre sans amour parce qu'on ne peut pas vivre sans la beauté.

Il existe une ligne intérieure invisible qui donne une grande force aux êtres humains. Cette ligne intérieure, c'est leur volonté de faire de leur mieux.

Tu es le fruit de 7 000 générations, le résultat de l'amour comme de la souffrance, de l'échec comme de la réussite, du plaisir comme de l'épreuve...

La pensée qui est la nôtre est en fait collective et elle est capable de traverser la mort.

Tu es un fruit qui mûrit sur le grand arbre de la *Vie*.

La conscience est une enfant qui fait ce qu'elle veut !

Pour se connecter au temps présent, la conscience doit retourner dans le corps.

Commence par regarder autour de toi en te concentrant uniquement sur les formes. Oublie l'usage qu'ont les objets. Ne prête attention qu'à leur forme : carrée, rectangulaire, ronde, cylindrique, sphérique…

Si tu prends le temps de bien les écouter, les bruits sont des guides capables de te ramener dans le moment présent à la vitesse du galop.

Les odeurs ont le pouvoir de transformer tes états physiques et émotionnels d'une façon radicale.

Ferme les yeux. Prends une profonde inspiration. Recueille-toi pendant quelques secondes. Tu es là à ne rien faire. C'est comme si dans l'univers, tout à coup, tu étais le seul être vraiment immobile.

La vie, c'est une partie de jambes en l'air, à la fin de laquelle on s'écroule sur le lit en sueur, le cœur battant dans les tempes, parce qu'on vient juste de jouir !

C'est en étant heureux que l'on devient un exemple.

Parfois, un endroit qui ressemble à l'enfer peut se transformer en paradis à la condition qu'on le débarrasse des personnes qui nous persécutent.

Ose être le plus ambitieux des hommes et la plus ambitieuse des femmes dans tout ce que tu entreprends !

Agrandis tes rêves, réduis tes peurs, avance joyeusement sur le chemin de la vie, confiant dans tes talents, tes intuitions et tes envies. Tes rêves sont immenses, les obstacles minuscules et tes capacités incroyables.

Les objets ont une âme et une signification spirituelle pour ceux qui les possèdent.

On croit posséder les objets, mais très souvent ce sont les objets qui nous possèdent.

Ne conserve rien qui te rappelle une expérience douloureuse, sauf si c'est pour te rappeler un enseignement utile pour ton futur.

Voyager, c'est ouvrir son âme. C'est lui donner des perspectives. C'est se donner l'occasion de rêver. Il faut juste oser s'aventurer dans des endroits qu'on ne connaît pas.

Tout ce que tu vas faire maintenant devrait t'aider à prendre du plaisir dans chaque chose que tu bois et que tu manges et dans chaque relation que tu as avec tes proches.

Si tu aimes la lenteur, écarte-toi des personnes trop rapides.

La vie est une magnifique vague d'eau bleutée et l'âme la longue et légère embarcation qui la chevauche à toute allure pendant que les passagers crient Waouh !

Qu'il est bon de sentir que son existence ne sera pas vaine, qu'elle constitue un maillon semblable à tous les autres maillons qui permet à la vie de se poursuivre.

Quand tu penses, je reconnais en toi les pensées de Confucius, de Socrate, de Voltaire, de Sartre et de Siddhârta Gautama, le grand Bouddha.

Tu es un messager, élu par la nature pour transmettre les plans du corps humain.

Réalise tes rêves, accomplis-toi, cueille les jours du temps présent.
Mais sois altruiste, car si tu regardes, jeune arbre, tu verras que, tout autour de toi, il y a une forêt.

Liste des défis réalisés

Coche ici les cases des défis que tu as réalisés. Si tu n'as pas relevé tous les défis, ce n'est pas très grave. Tu as le temps. L'intention vient en temps voulu.

Rappelle-toi ton passé :

☐ Fais un petit calcul

☐ Accomplis le rituel du bonhomme en allumettes

☐ Crée l'arbre généalogique de tes valeurs

☐ Découvre ton animal totem

☐ Connecte-toi à l'un de tes ancêtres par le geste

☐ Identifie tes "Châteaux forts" et tes "Chevaliers protecteurs"

☐ Sors de ta zone de confort

☐ Raconte une blague

☐ Retrouve la fraîcheur de tes premières fois

☐ Connecte les points

☐ Fais revenir l'amour en toi

☐ Retrouve tes trois pères

☐ Retrouve tes trois mères

☐ Ne satisfais pas le besoin de l'autre

☐ Accomplis le rituel du feu

Connecte-toi au présent :

☐ Regarde ce qui se passe autour de toi

☐ Écoute le monde qui t'entoure

☐ Redécouvre les odeurs

☐ Redécouvre une zone de ton corps

☐ Ne fais rien !

Construis ton avenir :

☐ Regarde *La vie rêvée de Walter Mitty*

☐ Choisis trois scénarios pour ta vie future

☐ Rends ici l'un de tes rêves possible

☐ Représente ta vie sous la forme d'un voyage en montgolfière

☐ Fais le tri !

☐ Prends conscience de ce que tu donnes

☐ Apprends à faire trois choses différemment

☐ Planifie les voyages que tu aimerais faire

☐ Transmets ta connaissance

UNE HISTOIRE INSPIRANTE POUR VOUS
LA FOUGÈRE ET LE BAMBOU

Un sage avait confié à l'un de ses élèves les plus talentueux la tâche difficile de recopier un manuscrit très ancien. La tâche était très ardue et le jeune élève devrait travailler plusieurs mois avant de parvenir à l'objectif qui lui avait été fixé. Au bout de quelques semaines seulement, l'élève, épuisé par la tâche dont il ne comprenait pas le sens, décida d'abandonner. Il s'en alla voir son maître et lui avoua ses intentions.

Le vieux sage sourit alors et, sur un ton empli de compassion, lui dit :
– Je comprends ta décision, car ce travail est difficile, mais avant que celle-ci soit définitive, puis-je te montrer quelque chose ?
L'élève qui avait toujours soif d'apprendre accepta.
Le vieux sage l'emmena alors dans les jardins qui bordaient l'école.
– Regarde autour de toi, dit-il, vois-tu cette fougère et ce bambou ?
– Oui, répondit l'élève.
– J'ai planté les graines de la fougère et du bambou il y a de cela plusieurs années. Après que j'ai planté leurs graines, la fougère a grandi rapidement. En quelques semaines seulement, ses grandes feuilles recouvraient le sol. Mais à l'emplacement où j'avais planté les graines de bambou, rien ne poussait. Pourtant, je n'ai pas renoncé au bambou.
– La deuxième année, la fougère grandit encore. La fougère est une plante vivace. Ses feuilles étaient d'un vert éclatant et se répandaient partout dans le jardin, puisant la lumière du soleil et l'eau qui tombait du ciel. Mais là où j'avais planté les graines de bambou, rien ne poussait. Pourtant, je n'ai pas renoncé au bambou.
– La troisième année, là où j'avais planté les graines de bambou, rien ne poussait. Pourtant, je n'ai pas renoncé au bambou.
– La quatrième année, de nouveau, là où j'avais planté les graines de bambou, rien ne poussait. Pourtant, je n'ai pas renoncé au bambou.

– Lors de la cinquième année, une petite pousse de bambou sortit enfin de terre. En comparaison avec la fougère, qui avait beaucoup grandi et était devenue un arbuste touffu, elle était minuscule et semblait presque insignifiante.

– La sixième année, le bambou grandit jusqu'à mesurer près de vingt mètres de haut. Il avait passé cinq années à développer et fortifier ses racines pour le soutenir. Ces racines l'avaient rendu fort et lui avaient donné les moyens de puiser toutes les ressources dont il avait besoin pour grandir rapidement.

– Je sais que tu es en train de réaliser un travail difficile. Mais sais-tu qu'en faisant cela, tu es en fait en train de fortifier tes propres racines... Parfois nous agissons et nous avons le sentiment que nos actes n'aboutissent à rien de positif dans nos vies. Nous avons alors la tentation d'abandonner pour nous adonner à des activités qui semblent plus faciles et qui génèrent des résultats plus immédiats. Pourtant, même si nous n'en avons pas conscience, il se passe quelque chose, quelque chose d'important.

L'élève écoutait son maître tout en contemplant au-dessus du parterre de fougère la haute forêt de bambous qui s'était développée depuis, à partir de cette minuscule graine qui avait mis tant de temps à germer. Car à partir d'un seul bambou, il en était né des centaines.

– Maintenant va et prends ta décision, dit le vieux maître toujours empli de compassion.

L'élève quitta le jardin et le lendemain le vieux maître l'aperçut appliqué à sa tâche de copiste. Quelques années plus tard, le jeune élève devint l'un des êtres les plus érudits de son temps et plus tard un maître à son tour. En copiant ce livre, sans s'en rendre compte, il en avait appris le contenu.

DU MÊME AUTEUR

1 – Ouvrages de développement personnel

Lebreton, E. (2020). *Comment tombe-t-on amoureux ?* Paris : Éditions Orient'Action.

Goldmann, M. O., & Lebreton, E. (2019). *50 histoires inspirantes pour être heureux : nouvelle édition*. Paris : Éditions Orient'Action.

Lebreton, E. (2018). *La Psy'Action : la psychanalyse du XXIe siècle*. Paris : Éditions Orient'Action.

Lebreton, E. (2018). *LGO : la cure santé & minceur*. Paris : Éditions Orient'Action.

Lebreton, E. (2018). *J'arrête de fumer grâce à la psychologie positive*. Paris : Éditions Orient'Action.

Lebreton, E. (2018). *Ce que j'aimerais te dire*. Paris : Éditions Orient'Action.

Goldmann, M. O., & Lebreton, E. (2018). *50 histoires inspirantes pour être heureux*. Paris : Éditions Orient'Action.

Lebreton, E., & Benhaiem, J-M. (2017). *L'hypnose : la clé du bonheur !* Paris : Éditions Inpress.

Lebreton, E. (2016). *La méthode 10/10 : perdre 10 kg et vivre 10 ans de plus*. Paris : Éditions Orient'Action.

Lebreton, E. (2016). *Les 5 langages de l'amour*. Paris : Éditions Orient'Action.

Lebreton, E. (2013). *L'Amour dure 3 ans : explications*. Paris : Éditions Kindle.

2 – Ouvrages de développement professionnel

Lebreton, E. (2019). *Tout le monde peut coacher*. Paris : Éditions Orient'Action.

Lebreton, E. (2019). *Le test du lapin*. Paris : Éditions Orient'Action.

Lebreton, E. (2019). *Robot révolution : les robots vont-ils détruire nos emplois et notre économie*. Paris : Éditions Orient'Action.

Lebreton, E. (2017). *10 attitudes gagnantes pour réussir dans la vie*. Paris : Éditions Maxima.

Lebreton, E. (2014). *Les rumeurs : petit guide pour comprendre & agir*. Paris : Éditions Orient'Action.

Lebreton, E. (2010). *Faire des affaires avec les Chinois*. Paris : Éditions Eyrolles/Éditions d'Organisation.

3 – Romans

Lebreton, E. (2013). *K., Quand le troisième âge s'éveillera, le monde tremblera*. Paris : Éditions Kindle.

Lebreton, E. (2005). *La répétition*. Paris : Éditions Le Manuscrit.

4 – Livre illustré

Lebreton, E. (2021). *Libérez vos pandas !* Paris : Éditions Orient'Action.

CE QUE J'AIMERAIS TE DIRE

Découvrez le livre

LA PSY'ACTION

PRÉSENTATION DU LIVRE

La psychanalyse est née au débu...
souffraient, parce qu'il leur était...
nombre de leurs projets. Le XXe si...
moraux. Les souffrances humaine...
soi et les institutions. La psychan...
aux maladies psychiques (et physi...
Depuis, le monde a changé. Nou...
d'une liberté presque absolue (sex...
aujourd'hui parce qu'ils en sont ...
causes des souffrances humaines ...
d'outils et de concepts de la psychia...
pratique thérapeutique en capacité...
La Psy'Action est le résultat de près...
de patients souffrant de mal-être...
Psy'Action est l'aboutissement de l...
en psychologie, confronté à l'ineffi...
une nouvelle pratique thérapeuti...
vie de tous les gens qui souffrent ...
ou de dépression. Vous êtes thérap...
le domaine de la formation, de l'en...
à la psychologie et à ses pratiques...
compréhension de l'être humain et...
ou le faire souffrir psychiquement...
pour vous. Il vous apportera les ré...
donnera envie à vous aussi de pra...

PRÉSENTATION DE L'AUTEUR

Emeric Lebreton est docteur en ...
accompagné plusieurs milliers de pe...
d'ordre personnel ou professionnel...
nationaux de cabinets spécialisés ...
domaine personnel (Psy'Action) ...
chercheur en psychologie et en scien...
action, ce qui donne sens à ...
plus heureux.

ISBN : 9791096667...
Prix : 24,90 euros...

Dr. Emeric Lebreton

LA PSY'ACTION :
LA PSYCHANALYSE
DU XXIᴇ SIECLE

Editions Orient'Action®

Découvrez le livre

JEU DE CARTES DES VALEURS

Découvrez le jeu !

Découvrez le jeu !

LE TEST DU LAPIN
(GRATUIT EN VERSION NUMÉRIQUE)

Découvrez le livre

Printed in France by Amazon
Brétigny-sur-Orge, FR

20435807R00114